去工业化现状与影响研究：基于中国视角的思考

Research on the Status Quo and Impact of De-industrialization: Thinking Based on the Chinese Perspective

全国教育科学规划基金项目（项目编号：DFA180309）
教育部人文社会科学研究规划基金项目（项目编号：19YJA880043）
江西省高校人文社科项目（项目编号：JY17129）

◎ 罗贵明　著

经济管理出版社
ECONOMY & MANAGEMENT PUBLISHING HOUSE

图书在版编目（CIP）数据

去工业化现状与影响研究：基于中国视角的思考/罗贵明著.—北京：经济管理出版社，2020.10
ISBN 978-7-5096-7411-6

Ⅰ.①去… Ⅱ.①罗… Ⅲ.①工业化—研究—中国 Ⅳ.①F424

中国版本图书馆 CIP 数据核字（2020）第 152003 号

组稿编辑：杨国强
责任编辑：赵天宇
责任印制：黄章平
责任校对：陈晓霞

出版发行：经济管理出版社
　　　　　（北京市海淀区北蜂窝 8 号中雅大厦 A 座 11 层　100038）
网　　址：www.E-mp.com.cn
电　　话：(010) 51915602
印　　刷：北京玺诚印务有限公司
经　　销：新华书店
开　　本：720mm×1000mm/16
印　　张：12.5
字　　数：230 千字
版　　次：2020 年 10 月第 1 版　2020 年 10 月第 1 次印刷
书　　号：ISBN 978-7-5096-7411-6
定　　价：88.00 元

·版权所有　翻印必究·

凡购本社图书，如有印装错误，由本社读者服务部负责调换。
联系地址：北京阜外月坛北小街 2 号
电　话：(010) 68022974　邮编：100836

前　言

　　去工业化属于工业化、后工业化、去工业化、再工业化发展脉络中的一环。发达国家先后经历了工业化、后工业化、去工业化的发展路径，而今又提出再工业化。在发达国家提出再工业化的同时，伴随而来的是发展中国家也出现了去工业化现象。中国是一个发展中大国，各地区经济发展不平衡，有的省份或地区已经进入后工业化阶段，开始出现了去工业化现象，而有的省份或地区还处于工业化阶段，需要加速工业化发展。但不可否认，随着新国际劳动分工和经济全球化竞争加剧，中国对外直接生产性投资出现了大幅增长。本书认为，对外直接生产性投资出现增长，恰恰是去工业化的一种表现形式。遵循这样一个分析思路，结合中国部分省份或地区出现的区域性去工业化现象，本书分析了中国去工业化的现状、原因、特征与影响，得出了一些较为明确的结论。

　　在分析过程中，本书立足于中国发展现状，先后提出了以下几个问题：

　　一是中国作为发展中大国，也是发达国家产业转移的承接大国，在经济全球化的浪潮中，是否在总量或结构方面也出现了去工业化现象？二是如果中国出现了去工业化现象，是主动、积极的，还是被动、消极的？三是如果中国出现了区域性去工业化现象，去工业化原因、特征与影响包括哪些方面？四是发达国家的去工业化与其他发展中国家的去工业化现象对中国去工业化有哪些值得借鉴之处？五是中国如何应对去工业化，警惕早熟去工业化和预防产业空心化？

　　当前学界对于这些问题的研究还是较为缺乏，而解决这些问题对于中国警惕出现早熟去工业化、预防产业空心化、发展新型工业化等具有重要的意义。

通过采用文献分析法、实证分析法、比较分析法和经济计量法，本书对中国去工业化现状、原因、特征与影响进行研究，对这些问题进行了解答，并提出了应对去工业化的相关政策建议。本书的创新点主要体现在以下三个方面：

（1）通过采用最近五年的经济数据，对中国去工业化现状进行了综合分析，确认了中国存在区域性去工业化现象，丰富了去工业化研究的内容，从研究内容上体现了一定的创新。通过对中国各省份的相关数据进行分析，我们发现中国虽然总量上还没有出现去工业化现象，但部分省份已经存在区域性去工业化现象。在区域性去工业化中，又存在不同类型的去工业化，本书对不同类型去工业化现象进行了比较分析，探讨了如何应对区域性去工业化、警惕早熟去工业化、预防产业空心化等问题，这些内容都在现有研究的基础上丰富了去工业化的相关研究。

（2）立足全球经济竞争和中国实际情况，从对外直接投资的角度分析了中国去工业化的特征与影响，从研究角度上体现了一定的创新。本书通过分析中国对外直接投资的发展变化情况、中国东部地区向中西部地区进行产业转移的情况以及中国去工业化的特征和影响，发现了中国对外直接投资呈现出四个特征，这也是中国去工业化的主要特征。从这个角度分析中国去工业化现象，有助于更好地理解东部地区去工业化对中国经济增长的积极作用，有助于正确认识去工业化对中国经济增长的正面和负面影响。

（3）通过分析不同部门增长率与 GDP 增长率的关系、制造业与服务业的溢出效应，以及制造业产出占比影响因素与制造业就业占比影响因素，综合分析了中国去工业化原因，扩展了对去工业化形成原因的认识，这也是本书研究内容上的一种创新。本书构建了相关的计量模型，分析了中国区域性去工业化现象的形成原因，这对于正确认识中国区域性去工业化现象，促进东部地区向中西部地区进行产业转移，加快产业结构升级等提供了重要的理论依据。

在分析时，本书采用了文献梳理与理论建构→实证与计量分析→比较借鉴→政策建议这样一个研究思路。依据这个研究思路，本书的研究框架共分为七章。

第1章是导论。本章主要包括选题背景、研究目的、研究的理论意义与现实意义、国内外关于去工业化的研究现状和评价、研究方法、研究思路及研究框架，以及创新点和不足。

第 2 章是去工业化的理论分析。当前国内学界对于去工业化的内涵存在较多争议，本章在借鉴国内外众多相关文献的基础上，结合中国的实际情况，对去工业化进行界定，区分了去工业化与产业转移；随后，本章分析了去工业化的影响和去工业化的相关理论。

第 3 章是中国去工业化现状分析。本章从三个方面开展研究：一是建立了总量去工业化和区域性去工业化的度量指标；二是分析了各省份的全要素能源效率；三是分析了总量去工业化和区域性去工业化现象。以制造业就业人数和占全国总就业的份额、制造业增加值占 GDP 的比重、制造业出口额占产品出口总额的比重作为度量总量去工业化的指标；以制造业就业占总就业的比重、工业增加值占地区 GDP 的比重作为度量区域性去工业化的指标。在区域性去工业化中，存在积极去工业化和消极去工业化，以高新技术产业总产值占 GDP 的比重和全要素能源效率（TFEE）作为积极去工业化和消极去工业化的度量指标。通过分析发现，中国还没有出现总量去工业化现象，但部分省份出现了区域性去工业化现象。在区域性去工业化中，发现北京、天津、上海、福建等省份的高技术产业占比大于 15%，且全要素能源效率在 0.8 以上，认定这些省份发生了积极去工业化现象。河北、山西、甘肃、青海等省份高技术产业占比低于 15%，全要素能源效率不到 0.8，认定这些省份发生了消极去工业化现象。

第 4 章是中国去工业化原因分析。本章主要从四个方面开展研究工作：一是分析了不同部门增长率对 GDP 增长率的影响；二是分析了制造业对其他经济部门的溢出效应；三是分析了制造业产出占比的影响因素；四是分析了制造业就业占比的影响因素。通过分析不同部门增长率对 GDP 增长率的影响，发现了制造业的需求收入弹性不如服务业的需求收入弹性变化大，制造业增长率与 GDP 增长率之差远大于服务业增长率、农业增长率与 GDP 增长率之差。制造业、农业和服务业增长率对 GDP 增长率的回归分析验证了这个结果。通过制造业增长率对非制造业就业增长率的回归分析、制造业增长率与农业就业增长率的回归分析、服务业增长率与农业就业增长率的回归分析，证实了制造业部门对非制造业部门存在溢出效应。通过回归分析，发现了人均实际收入、社会固定资本形成和进出口贸易是影响中国制造业产出的重要因素；人均实际收入、社会固定资产投资和进出口贸易是影响中国制造业就业变化的重要因素。

第5章是中国去工业化特征与影响分析。在分析中国去工业化的特征时,主要基于中国对外直接生产性投资变化角度来进行阐述。本书认为区域性去工业化的积极影响主要表现为:一是结构性去工业化促进了产业转型升级;二是结构性去工业化加速了对外生产性投资;三是区域性去工业化有助于中、西部区域经济平衡发展。而消极去工业化的负面影响主要为:一是消极去工业化将导致社会生产效率大幅下降;二是消极去工业化将导致国民经济出现结构性减速;三是消极去工业化将引发一系列经济社会问题。

第6章是去工业化的国际借鉴。本章以美国、日本和德国为例,分析了发达国家去工业化过程;以巴西和马来西亚为例,分析了其他发展中国家早熟去工业化现象,讨论了发达国家与其他发展中国家去工业化现象对中国去工业化的借鉴之处。

第7章是研究结论、政策建议与研究展望。本章首先对本书的主要工作及研究结论进行了总结。其次,在前面各章节的基础上,提出了中国如何应对区域性去工业化现象,警惕早熟去工业化的新思路,以及加快中国产业结构升级的政策建议。最后,对今后的研究方向做了展望。

目　录

1 导论 ……………………………………………………………… 1
　1.1 选题背景 …………………………………………………… 1
　1.2 研究目的和意义 …………………………………………… 3
　　1.2.1 研究目的 ……………………………………………… 3
　　1.2.2 研究意义 ……………………………………………… 3
　1.3 文献综述 …………………………………………………… 4
　　1.3.1 国外研究现状 ………………………………………… 4
　　1.3.2 国内研究现状 ………………………………………… 12
　　1.3.3 国内外研究现状评价 ………………………………… 17
　1.4 研究方法、研究思路及研究框架 ………………………… 19
　　1.4.1 研究方法 ……………………………………………… 19
　　1.4.2 研究思路 ……………………………………………… 20
　　1.4.3 研究框架 ……………………………………………… 20
　1.5 创新点与不足 ……………………………………………… 22

2 去工业化的理论分析 ………………………………………… 24
　2.1 去工业化的内涵与影响 …………………………………… 24
　　2.1.1 去工业化的内涵 ……………………………………… 24
　　2.1.2 去工业化的影响 ……………………………………… 31
　2.2 去工业化的相关理论 ……………………………………… 34

2.2.1 产业结构理论 …………………………………… 34
  2.2.2 产业转移理论 …………………………………… 38
  2.2.3 新国际劳动分工理论 …………………………… 41

3 中国去工业化现状分析 ………………………………………… 43

 3.1 去工业化的度量 ……………………………………………… 43
  3.1.1 当前学界去工业化的测度指标与方法 ………… 43
  3.1.2 本书去工业化的测度指标与方法 ……………… 44
  3.1.3 本书去工业化数据来源 ………………………… 46
 3.2 全要素能源效率分析 ………………………………………… 46
  3.2.1 全要素能源效率的测度指标与方法 …………… 46
  3.2.2 全要素能源效率分析结果 ……………………… 48
 3.3 总量去工业化分析 …………………………………………… 50
  3.3.1 全国制造业绝对变化分析 ……………………… 50
  3.3.2 全国制造业相对变化分析 ……………………… 51
 3.4 区域性去工业化分析 ………………………………………… 53
  3.4.1 区域性去工业化的度量 ………………………… 53
  3.4.2 区域性去工业化分类 …………………………… 59
  3.4.3 区域性去工业化经济增长差异分析 …………… 62
  3.4.4 区域性去工业化个例分析：上海与山西 ……… 68
 3.5 本章小结 ……………………………………………………… 72

4 中国去工业化原因分析 ………………………………………… 75

 4.1 基本分析思路 ………………………………………………… 75
 4.2 部门增长率、GDP 增长率与去工业化 …………………… 77
  4.2.1 制造业与服务业需求收入弹性比较分析 ……… 77
  4.2.2 制造业与非制造业部门增长率差异分析 ……… 80
  4.2.3 制造业增长率对 GDP 增长率的回归分析 …… 81
  4.2.4 农业增长率对 GDP 增长率的回归分析 ……… 83
  4.2.5 服务业增长率对 GDP 增长率的回归分析 …… 84

4.3 制造业、服务业溢出效应与去工业化 ………………………………… 87
  4.3.1 制造业对非制造业就业的溢出效应分析 …………………… 87
  4.3.2 制造业对农业就业的溢出效应分析 ………………………… 89
  4.3.3 服务业对农业就业的溢出效应分析 ………………………… 91
4.4 制造业产出占比影响因素与去工业化 ………………………………… 94
  4.4.1 全国人均 GDP 与制造业部门人均 GDP 比较 ……………… 94
  4.4.2 计量模型选择和数据处理 …………………………………… 95
  4.4.3 计量模型估计结果与讨论 …………………………………… 98
4.5 制造业就业占比影响因素与去工业化 ………………………………… 99
  4.5.1 计量模型选择和数据处理 …………………………………… 99
  4.5.2 计量模型估计结果与讨论 …………………………………… 102
4.6 本章小结 ………………………………………………………………… 103

5 中国去工业化特征与影响分析 ……………………………………………… 106
5.1 中国去工业化特征 ……………………………………………………… 106
  5.1.1 对外直接投资呈现强劲增长趋势 …………………………… 108
  5.1.2 中国对外直接投资主要面向发展中经济体 ………………… 109
  5.1.3 制造业和生产性服务业的对外直接投资呈现大幅增长 … 112
  5.1.4 对外直接投资和吸引外商直接投资并举 …………………… 114
5.2 中国区域性去工业化对地区经济增长的影响 ………………………… 116
  5.2.1 结构性去工业化对地区经济增长的积极作用 ……………… 116
  5.2.2 消极去工业化对地区经济增长的负面作用 ………………… 125
5.3 本章小结 ………………………………………………………………… 129

6 去工业化的国际借鉴 ………………………………………………………… 131
6.1 发达国家的去工业化 …………………………………………………… 131
  6.1.1 美国的去工业化 ……………………………………………… 131
  6.1.2 日本的去工业化 ……………………………………………… 138
  6.1.3 德国的去工业化 ……………………………………………… 143
6.2 其他发展中国家的去工业化 …………………………………………… 147

6.2.1　巴西的去工业化 …………………………………… 147
6.2.2　马来西亚的去工业化 ……………………………… 152
6.3　去工业化的借鉴 …………………………………………… 157
6.3.1　发达国家去工业化的借鉴 ………………………… 157
6.3.2　其他发展中国家去工业化的借鉴 ………………… 158
6.4　本章小结 …………………………………………………… 160

7　研究结论、政策建议与研究展望 ……………………………… 162

7.1　研究结论 …………………………………………………… 162
7.1.1　关于中国去工业化的现状 ………………………… 162
7.1.2　关于中国去工业化的原因 ………………………… 163
7.1.3　关于去工业化对中国经济增长的影响 …………… 164
7.1.4　关于发达国家与其他发展中国家去工业化的借鉴 … 164
7.2　政策建议 …………………………………………………… 165
7.2.1　积极利用结构性去工业化化解产能过剩 ………… 165
7.2.2　利用区域性去工业化促进产业转移 ……………… 166
7.2.3　警惕早熟去工业化引起产业空心化 ……………… 167
7.2.4　通过创新和信息化促进新型工业化发展 ………… 168
7.2.5　坚持生产多样化甄别比较优势产业 ……………… 169
7.2.6　通过能源生产和消费革命促进制造业生产转型升级 … 170
7.2.7　通过"一带一路"倡议促使更多企业走出去投资 … 171
7.3　研究展望 …………………………………………………… 172

参考文献 ……………………………………………………………… 173

后　　记 ……………………………………………………………… 188

1 导论

1.1 选题背景

制造业是经济增长与发展的引擎和动力，拉动整个经济并促进积极的结构变化。从历史上看，发达国家能够实现高收入和高福利，制造业在其中发挥了关键作用。相对其他部门，制造业有更高的生产效率，吸收了农业部门的大部分剩余劳动力。随后崛起的发展中国家取得成功并向更为先进工业转型的一个关键因素，也是在于坚持发展制造业，因为制造业相对其他行业有更高的生产效率，并能解决国内大量就业。随着国内居民财富增加，需求模式出现变化，人们从对制造业产品的大量需求转向对服务的需求；随着全球化进程加快，国内所需的制造业产品可通过进口得以满足；制造业部门生产率增长快于其他经济部门，同时随着劳动力成本上升，削弱了制造业在更简单和更劳动密集型行业的竞争力，以及制造业产品的相对价格下降，这些综合起来引起发达国家的制造业就业份额和制造业增加值占GDP比重的双重下降，导致了发达国家出现去工业化。

对于发达国家的去工业化，学界普遍认为是经济体进入工业化后期的一个必经阶段，是经济增长的必然产物。在关于发达国家去工业化的认识上，既有积极的观点，也有消极的观点。持有积极观点的学者认为发达国家去工业化是经济增长的必然结果，是经济充满活力的表现，同时会伴随居民生活水平的提高。而持有消极观点的学者则认为去工业化是经济进步中的失败，是曾经作为发达国家经济繁荣基础的先进制造业逐渐走向衰落的标志。进入21世纪以来，越来越多的观点认为去工业化是发达国家就业机会减少和收入下降的重要原因，而发展中国家则在发达国家去工业化的进程中获得了巨大的发展机会。尤其2008年全球金融危机爆发以来，发达国家乃至发展中国家的去工业化问题更是受到学界的重视，众多学者在分析去工业化的国内影响时，更是注重分析它的国际影响，认为去工业化对发达国家存在负面作用，但因为去工业化主要通过产业转移来表现，使承接产业转移的发展中国家得到了发展。因此，以美国为首的西方发达国家出于自身的利益，采取贸易保护的形式，并出台了一系列针对以中国为代表的发展中国家的各种反倾销、反补贴的贸易规则，希望借此能够减缓国内的去工业化进程。同时，美国奥巴马政府提出再工业化的口号，希望通过再工业化来发展美国制造业，重振国际竞争优势。发达国家的再工业化并不是通过制定相关的政策来吸引对传统制造业的投资，从而实现传统制造业的回流，也不是对传统制造业的扶持和再造，而是把发展重心投向高新技术产业，鼓励科技创新，并通过高新技术对传统产业进行改造和升级，加快了传统产业跨国转移的进程。从这个方面来说，发达国家再工业化过程更是一个传统制造业的深度去工业化过程。

从目前来看，发达国家遵循着工业化、后工业化、去工业化、再工业化的发展路径，去工业化是发达国家经济发展的必然过程与结果。在发达国家经历了去工业化，又提出再工业化的同时，伴随而来的是发展中国家也开始出现了去工业化现象。发展中国家出现去工业化现象，是各种因素综合发挥作用的产物。随着当前全球化浪潮的加剧，工业化国家都要面临来自国内外市场的新竞争，国际贸易成本的降低和广泛的经济改革，进而又可能导致跨越国家的比较优势转移，从而影响生产要素在国内和国际的重新分配，这些都可能导致发展中国家也出现去工业化现象。

中国作为发展中国家中的一员，区域经济发展不平衡，还没有完全进入后工业化阶段，当前首要任务是实现新型工业化和城市化，实现服务业和制造业的现代化。在实现新型工业化和城市化时，制造业的作用在未来很长一段时间内都不容削弱。因此，在其他发展中国家出现去工业化现象时，中国是否也出现了去工业化问题？中国作为发展中大国，也是发达国家产业转移的承接大国，在贸易全球化的浪潮中，是否在总量或区域性方面出现了去工业化现象？如何判断中国是否出现了总量去工业化或区域性去工业化现象？如果中国出现了区域性去工业化现象，是主动、积极的，还是被动、消极的？如果中国出现了去工业化现象，其原因、特征和影响包括哪些方面？发达国家和其他发展中国家去工业化对中国有哪些值得借鉴之处？如何警惕中国出现早熟去工业化，引起产业空心化问题，需要采取哪些措施来应对？当前学界对于这些问题的研究还是较为缺乏，而解决这些问题对于中国经济发展与产业升级，对于新时代下如何促进新型工业化发展等具有重要的意义。本书通过对中国去工业化现状、原因、特征与影响等进行分析，希望能够对这些问题进行解答。

1.2 研究目的和意义

1.2.1 研究目的

本书研究目的：基于新国际劳动分工原理和经济全球化竞争，本书通过实证分析，研究中国去工业化的现状、原因、特征与影响，并提出相关的政策建议。

具体包括：①建立去工业化度量指标和计量模型，深入分析中国去工业化现状，揭示中国去工业化原因；②分析中国区域性去工业化的特征和区域性去工业化对经济增长的影响；③分析发达国家和其他发展中国家去工业化对中国的借鉴；④对中国如何应对去工业化，警惕早熟去工业化，防止产业空心化，加快产业升级等提出政策建议。

1.2.2 研究意义

本书具有较高的理论意义。第一，当前国内关于去工业化的研究普遍认为中国还没有出现去工业化现象，忽略了中国部分省份已经在主动、积极的去工业化，还有部分省份处于被动、消极的去工业化，导致无法有效地解释中国出现区域性去工业化现象的原因与影响，也无法找到有效应对因去工业化现象而引发经济问题的相应对策。本书通过分析中国去工业化现状和原因，揭示了中国区域性去工业化的基本特征，阐述了区域性去工业化对经济增长的影响，从而对学界现有的去工业化理论作出补充。第二，本书通过建立模型测量中国去工业化现象，分析了中国不同省份去工业化的现状，并把去工业化与"一带一路"倡议结合起来进行了阐述，这对于分析中国区域性去工业化与发展新型工业化有较高的理论价值。

本书还具有较为重要的现实意义：一是通过统计相关数据，实证分析了中国去工业化现状，明确中国是否在总量或区域性方面出现了去工业化现象，分析了中国区域性去工业化现象到底属于何种类型的去工业化；二是通过构建计量模型，分析了中国区域性去工业化原因；三是分析了中国区域性去工业化的特征与影响。这些分析对于正确认识中国去工业化的形成原因，采取相应政策应对早熟去工业化、防止产业空心化、发展新型工业化等有重要的现实意义。只有全面、正确地分析中国去工业化的现状与原因，辨清中国去工业化的特征，认识区域性去工业化对经济增长的影响，才能正确、有效地寻找到应对措施，避免因出现早熟去工业化现象而带来产业空心化等负面影响。

1.3　文献综述

1.3.1　国外研究现状

国外学者对于去工业化的研究较早，成果也比较丰富。归纳起来，可以从三个方面来理解国外学者对去工业化的研究：一是关于去工业化含义的分析；二是关于去工业化原因的分析；三是关于去工业化影响的分析。

（1）关于去工业化含义的分析。

分析去工业化，必须先分析去工业化的含义。国外学者在阐述去工业化的定义时，主要存在两个角度：第一是基于地理学意义上的去工业化；第二是基于经济学意义上的去工业化。

地理学意义上的去工业化是指制造业的就业和资源从发达经济体转移到欠

发达经济体，或者从大都市转移到郊区或其他生产成本相对低廉的边远地区和城镇的动态过程。换言之，地理学意义上的去工业化强调的是制造业地理位置的转移。Fligstein（1999）认为去工业化就是就业机会，尤其是制造业的工作机会从发达经济体向发展中经济体的转移过程。Lissoni（1996）、Gary 和 Landy（2007）认为，去工业化是由于外在因素的变化，导致大都市传统制造业的生产成本已经超出企业承受范围，为避免破产或倒闭，这些企业纷纷转移至其他生产成本更低的地区，进而引起大都市的经济出现衰退或萧条的现象。

经济学意义上的去工业化是指制造业就业人数或产出在总就业或 GDP 的占比出现持续下降的过程，分歧较大，以 Saeger（1997）、Rowthorn 和 Coutts（2004）、Singh（1977）、Tregenna（2009）等为代表。

Singh（1977）、Palma（2005A）等依据制造业就业份额变化来界定去工业化，认为去工业化就是制造业就业占总就业份额的急剧下降。Saeger（1997）认为以制造业就业人数占总就业人数的比率对去工业化进行界定能够较为客观地阐明去工业化的内涵，去工业化是制造业就业人数占社会总就业人数的比率出现连续下降的一种经济现象。Saeger 强调从制造业就业人数而不是制造业产出来界定去工业化，原因在于三个方面：一是制造业就业人数较其他指标更为常见，是评价工业和地区经济发展水平的最常用指标；二是较制造业产出而言，制造业就业人数是制造业部门中最为直观可见的，普通公众也能理解并关注这个指标；三是在某种程度上去工业化是基于部门之间调整成本的考虑，关注要素市场的变化比产品市场的变化更为有意义。Lawrence（1983）指出去工业化是制造业绝对就业人数出现下降的一种现象，在去工业化中就业人数的绝对变化较相对变化是一个更好的经济总调整成本的指标，依据制造业就业人数来定义去工业化有助于关注总体就业水平与就业结构的变化。Rowthorn（1997）认为去工业化是发达经济体的制造业就业人数持续下降的现象。Kang 和 Lee（2011）认为通过制造业就业人数变化来度量去工业化具有重要意义，去工业化就是制造业就业在总体就业中的比率出现稳定下降。Rowthorn 和 Ramaswamy（1999），Rowthorn 和 Coutts（2004）也认为依据制造业就业人数占总就业人数的比率来研究去工业化较为客观。不过，Newman（1985）指出去工业化包括一系列现象，制造业就业占比只是其中一个比较重要的方面，如果仅依据制造业就业份额来界定去工业化过于片面。Newman（1985）认为去工业化包括：一是就业从制造业过渡到服务业或信息经济；二是工厂永久关闭的比率增加，钢铁、汽车等传统产业被其他行业替代而出现永久性的关闭；三是离岸制造和资本外逃到低工资地区，大公司通过资本转移到低工资地区生产，从而减少国内高工资工作机会。

国外学者从制造业产出来界定去工业化时，包含三个方面：第一是指制造业贸易额占比的下降（Ranis，1987；Kaldor，1989）；第二是指制造业产出占GDP的比例出现持续下降（Tregenna，2009）；第三是指制造业的生产能力出现下滑（Bluestone和Harrison，1982；Singh，1977）。Ranis（1987）认为去工业化出现时，隐含经济发展已经达到了工业化的最后阶段，发达经济体成为资本出口国，并且可能遭遇爆炸式增长，去工业化是制造业贸易的世界份额占比开始出现持续下降的经济发展阶段。Kaldor（1989）认为去工业化是工业化的一个渐进的失败，是一个国家或地区的制造业贸易占世界贸易相对份额出现持续下降的状态，去工业化标志着国内进口制成品占国内支出相对份额出现持续上升。因此，更难以实现出口对产品进口的充分盈余，以保持经济在外部平衡。Tregenna（2009）把去工业化定义为制造业产出占GDP比例出现持续下降的一种现象。Bluestone和Harrison（1982）认为去工业化是一个国家或地区制造业的生产能力失去活力，表现相互系统、持续地下降，去工业化的迹象首先出现在制造业机器设备库存老化和投资资源转移到美国公司的国外子公司。Singh（1977）从有效率的制造业来理解去工业化，认为工业化、去工业化和再工业化是指制造部门在GDP和（或）就业中份额的变化，高效的制造业意味着它能够提供（目前和潜在）足够的净出口，以满足该国的整体进口要求和社会可接受的产出水平、就业和汇率，去工业化是制造业低效率或不平衡的症状或后果，而不是其原因。

Rowthorn和Coutts（2004）对去工业化的文献进行了总结，认为只从某个单一的角度来分析去工业化无法正确理解它的含义，至少可从五个方面来理解去工业化的含义：第一个是专业化，指的是将在制造业内从事的活动外包给专业服务提供商，导致制造业就业出现明显下降；第二是制造业产品相对价格的下降意味着它们在消费者支出中所占的份额较小；第三是即使产出以相同的速度增长，制造业相对于服务业的生产力增长较高，但制造业的就业增长较服务业增长较慢；第四是指受进口压力的影响，发达经济体通过提高竞争压力和生产率，消除低附加值活动或效率低下的企业，以及替代相对劳动密集型生产，减少劳动密集型活动，产生复杂的出口，从而导致国际贸易对制造业就业产生消极影响；第五是制造业占了不成比例的大部分投资支出，投资率的下降往往会减少制造业在就业和国内生产总值中的占比。

（2）关于去工业化原因的分析。

在关于去工业化原因方面，国外学者分别从发达经济体的内部因素、国际贸易、消费需求的变化、资源禀赋及其他因素综合的角度进行了阐述。

第一，发达经济体的内部因素是去工业化的主要成因。Rowthorn 和 Ramaswamy（1997）认为制造业是技术进步行业，而服务业很多是技术停滞的行业，去工业化主要是由发达经济体内部因素造成，是经济发展的必然趋势。Rowthorn 和 Ramaswamy 提出可从五个方面来理解去工业化的产生机制：一是去工业化是发达经济体的一种内在特征；二是南北贸易与去工业化没有必然的联系；三是发达国家之间的贸易模式可以解释就业结构的差异，但不能就此说明是去工业化产生的原因；四是去工业化的最主要影响因素在于制造业生产率增长快于服务业；五是日益增长的生活标准更有可能受到服务业发展的影响。Rowthorn 和 Ramaswamy（1999）通过分析制造业与服务业之间相互作用的组合效应和需求模式的转变，认为制造业的相对生产率增长较快，以及制造业产品的相对价格出现下降等综合因素造成出现去工业化。他们发现南北贸易对去工业化的贡献主要是通过其在刺激发达经济体制造业劳动生产率方面的作用，但对发达经济体制造业产出影响不大，而发达经济体投资对 GDP 比率的下降使社会需求远离制造业产出，投资比率的下降则构成了总的去工业化的六分之一，这大致相当于南北贸易对去工业化的影响。

Lawrence（1987）和国际货币基金组织（1997）也是持有这种观点，认为南北贸易对发达国家去工业化的影响极为微弱，制造业与其他行业之间的差异生产率出现扩大是发达国家制造业就业份额下降的主要原因。Lawrence（1991）通过分析美国和其他西方发达国家 20 世纪 70—80 年代的经济数据，认为国际贸易没有导致美国去工业化的出现，而是国内制造业的相对生产率更快地增长导致美国制造业就业人数在 20 世纪 80 年代出现下降，其他国家如法国、德国等在 1973—1985 年出现去工业化也是国内因素的结果，英国的去工业化虽然与贸易有关联，但贸易只能解释五分之一的制造业就业人数下降。

Dollar 和 Wolff（1993）也认为在 1970—1987 年美国制造业出口份额下降仅占 OECD 国家出口份额的一小部分，没有证据表明贸易引起去工业化。Baumol 等（1989）提出，很少有证据表明服务业和制造业之间支出模式的转变能够解释去工业化，这种制造业和服务业之间支出模式的转变无法解释就业从制造业向服务业出现了长期转移。Iversen 和 Cusack（2000）认为去工业化在于制造业的生产率高于其他部门，是政府在转移支付和服务支出扩张背后的驱动力，去工业化主要是由除了支出本身以外的国内因素驱动，去工业化带来的重大风险只能通过政府扩大社会保障和公共就业来解决。因此，长期以来去工业化被认为是任何资本主义经济正常的内生过程，去工业化最关键的因素是制造业生产率增长高于服务部门（Baumol，1967；Krugman，1996）。

第二，国际贸易等外部因素促进了发达国家去工业化的形成。Wood（1994）通过分析制造业就业人数变化与制造业进口产品占 GDP 比例的关系，认为南北贸易加速了北方国家的去工业化。随着更大程度的自由贸易出现，运输和交流促进了制造业产品的生产由发达经济体向发展中国家的转移（Dicken，2003；Wallace 和 Brady，2001）。Rowthorn 和 Coutts（2004）通过对经合组织国家在 1963—2002 年的经济发展数据进行分析，发现较不发达经济体的贸易对发达经济体的去工业化有很大贡献，尽管国内因素更重要，如生产率增长和需求模式的变化。Alderson（1999）分析了 1968—1992 年经合组织国家的进出口数据，认为发达经济体的直接投资流出，以及来自不发达经济体的进口渗透，是经合组织国家出现去工业化的重要原因。Fernandezarias 和 Panizza（2004）探讨了贸易自由化、去工业化和收入不平等的关系，认为在 20 世纪 80—90 年代实施得最重要的自由主义改革之中，全球贸易自由化加速了发达国家的去工业化，随着贸易自由化的增加，发达国家去工业化进程加快，导致不平等现象增加，证据表明全球市场在进入经济一体化的过程中，通过破坏制造业就业导致去工业化和不平等现象的增加。Bluestone 和 Harrison（1982）认为去工业化标志广泛有计划地减少国家的生产能力，因此去工业化标志着新的经济民族主义和忽视全球经济的相互联系，是全球化的博弈结果，生产全球化部分用于替代国内制造业。去工业化不是一个单一国家的现象，是工业的全球化（Smith，1984）；去工业化是资本和劳动国际化影响的产物（Willoughby，1983）。Kucera 和 Milberg（2003）采用输入—输出分析法来估计 10 个经合组织国家由于受制造业国际贸易模式变化的影响；反过来，它导致制造业产出中包含的劳动力含量发生变化，发现从20世纪70年代末至90年代中期，在全球化竞争下，世界制成品贸易发生了一些与以往截然不同的显著性变化，从而对这些国家高达350万个制造业就业岗位产生了负面净影响，实际制造业就业减少了620万个岗位，就业损失主要来自南北贸易。Stopford和Turner（1985）的研究表明，英国公司对外直接投资造成了英国制造业工作岗位的损失。

不过，尽管现存许多研究强调全球化对去工业化的作用，但也有许多研究者认为全球化不足以影响发达国家的去工业化。首先，全球化带来的贸易规模可能太小，不能成为去工业化的主要原因（Bairoch，1996；Gordon，1994；Krugman，1996；Wade，1996）。其次，从发展中国家进口制造业产品或对发展中国家直接投资是全球化的一个相对较小的部分，大多数国际经济交换发生在发达国家之间（Dicken，2003；Gilpin，2001；Guillen，2001a；Hirst和Thompson，1996）。最后，在控制发展和提高生产力之后，全球化对制造业的影响最小（Dewatripont等，1999；Golub，1999；Wolf，2004）。Burtless等（1998）研究表明，如果美国从1964—1992年没有经历过贸易赤字，制造业发展趋势将几乎相同。

第三，消费者消费需求发生变化导致去工业化。社会日益增长的财富会改变消费者的消费模式，导致他们从制造业产品的需求中转向追求服务，这是发达国家去工业化的一个重要原因（Kollmeyer，2009）。依据恩格尔定律，贫困家庭通常将大部分收入用于食物，随着收入增加，才会把多余部分分配给其他消费。随后，Clark（1957）扩展了这种逻辑，指出一个国家的富裕程度影响其对农产品、制造业产品和服务的相对需求。Clark（1957）根据对跨国数据的分析，认为随着一国或地区人均实际可支配收入的增加，人们从对农产品的需求会逐渐转向对制成品的需求。由于制成品效用较为持久，人们对制成品的需求将会出现先上升再下降的消费模式，而后，人们开始转向对服务的需求，进而服务业得到发展。Clark的推论表明增长的富裕与服务的需求之间的相关性是直观的。由于制造业商品通常是高度耐用的，所以多次购买相同的产品可能很快变得多余，但是由于许多服务更短暂，他们可以重复购买，而不会显著减少效用。

Clark的推论在许多研究者的研究结果中得到了检验。这些研究表明，实际人均收入对相对制造业就业具有倒 U 形效应（Rowthorn 和 Wells，1987；Rowthorn 和 Ramaswamy，1997，1999）。Krugman 和 Lawrence（1993）认为人们收入水平的变化会引起社会就业的改变，人们依据自身收入水平增长程度而重新考虑是否继续从事制造业工作。Alderson（1999）认为，对于低收入和中等收入国家，实际人均收入的增量首先增加制造业就业，但当实际人均收入超过一定的富裕门槛时，将会导致制造业就业在就业总额中的份额出现下降。对富裕国家而言，这意味着日益增长的富裕会导致消费者将其新收入的更大部分用于服务，这一结果反过来使发达国家去工业化得到了加速（Rowthorn 和 Coutts，2004）。

第四，禀赋变化及其他因素综合作用导致发达国家及发展中国家出现去工业化。Saeger（1997）认为去工业化发生的原因在于以下几个方面：一是随着经济逐渐成熟，制造业就业人数会出现倒 U 形曲线变化，OECD 成员国 1970—1995 年制造业就业人数就是以这种模式出现改变；二是南北贸易一体化是去工业化出现的重要原因，主要在于南北贸易导致劳动密集型产品相对价格下降，以及北方把劳动密集型生产外包给南方，由于非技术密集型制造业的生产减少，劳动力将转移到技能密集型制造和非贸易品生产，从而产生去工业化；三是资源禀赋变化导致去工业化，缺乏自然资源、农产品和贸易品的国家会更专注于制造业产品的出口，因而在制造业部门有更多的就业人数，而自然资源富裕的国家则是倾向进口制造业产品，出口资源密集型产品，削减制造业部门的就业，因而制造业就业人数比率更低，当由于外部事件（例如发现大量的石油储存）导致自然资源禀赋变化可能引起比较优势的变化，这将导致出口从制成品转向资源密集型产品，导致制造业的就业和产出发生变化，因此，自然资源禀赋的变化可导致所谓的"荷兰病"去工业化。

Palma（2005B）在对包括发达国家和发展中国家的去工业化进程分析中综合了其他研究者的研究结果，认为去工业化主要有四个来源：一是制造业就业与人均收入之间的倒 U 形关系（指经济成熟制造业份额的下降）；二是人均收入和制造业就业之间的关系随时间变化而出现改变；三是制造业就业份额预计下降时，人均收入水平出现变化（即人均收入和制造业就业回归转折点的变化）；四是"荷兰病"可以被认为是去工业化的另一种形式，这是指一个国家发现重要的自然资源进而发展出口金融或旅游业，或由于中等收入国家的自由化政策而导致的一种额外程度的去工业化。去工业化的产生与生产成本密切相关，Nash（1985）认为去工业化是制造业寻求低工资，转移劳动密集型生产到自动化或高科技行业过程的结果。在这种寻求低成本生产洼地的过程中，本国制造业去国外直接投资是加速去工业化的潜在外部来源（Kang 和 Lee，2011）。

（3）关于去工业化影响的分析。

在对于去工业化影响方面，有的学者是持有消极的观点，有的学者则是持有积极的观点，还有部分学者认为要区分去工业化的类型，不同类型去工业化产生的影响是有差异的。

Rowthorn 和 Wells（1987），Baumol、Blackman 和 Wolf（1989）等对发达国家的去工业化持有积极的观点。Rowthorn 和 Wells（1987）进行了关于去工业化的开创性研究，除了对英国去工业化的全面分析，他们在积极和消极去工业化之间形成了有影响力的区别。Rowthorn 和 Wells 认为积极去工业化是充分就业、经济持续增长和经济已经高度发达的正常结果和经济成功的标志。他们认为，出现这种情况是因为制造业的生产率增长非常快，尽管产量增加，但这一部门的就业减少了，绝对数或占总就业的一部分，然而，这不会导致失业，因为服务部门创造了足够规模的新工作，完全可以吸纳任何从制造业游离出来的工人。消极去工业化才是经济衰退的产物，在工业处于严重困难时发生。Rowthorn 和 Wells 指出，当出现消极去工业化时，由于产量下降或生产力提高，制造业的劳动力不会被吸收到服务部门，因此，失业率将上升。

Bell（1973）指出，随着去工业化出现的后工业社会，就业将会出现两个极端：一是就业出现在低收入的服务率工作，这也是美国增长最快的经济部门；二是就业出现在高薪的技术型工作，这依赖于高水平的教育，相应的高薪工作机会，但是最终雇佣的人相对较少。Baumol、Blackman 和 Wolf（1989）认为发达经济体的去工业化并不是一种不良现象，而是这些经济体所表现出工业活力的自然结果。虽然发达国家去工业化标志工业产出急剧下降，就业规模大规模下降，但服务业和基于计算机信息的部门会快速上升，提供大量新型就业机会，足以解决因去工业化导致就业不足的问题（Rose 等，1984）。

Bluestone 和 Harrison（1982）、Wilcock 和 Frank（1963）、Root（1984）等对发达国家的去工业化持有消极的观点。Bluestone 和 Harrison（1982）认为美

国的去工业化使国内的制造业企业不愿更新生产设备和提高工人待遇，从而导致生产力低下，必定要降低美国工人的生活标准，使工人被迫与国内及国外的低收入劳动者发生竞争以保持工作机会和社区稳定。美国劳工统计局对1979—1983年的就业数据进行了统计，发现有500万20岁左右的工人因为工作机会减少或工厂关闭而失业，有510万工人在解雇之前已经在这个岗位上至少工作了三年，被认为是公司的核心工人。在这510万人中，大约310万人在1984年已经重新被其他不同的产业部门雇佣，其中大约一半的工人新工作薪水高于原来的工作，但还有约45%工人新工作的薪水大幅减少；大约130万人还在寻找工作机会，大约70万人已经离开劳动力市场。去工业化导致就业机会大量减少，对家庭会产生重大影响，去工业化对家庭意味着持续失业、提前退休、生活水平下降、家庭房屋止赎、个人破产、离婚、家庭暴力、冷漠和伴随普遍的绝望感等一系列问题（Wilcock 和 Frank，1963；Root，1984）。长期以来，去工业化一直是发达国家的一个关注点，去工业化与失去好工作，不平等的不断加剧以及创新能力的下降有关（Rodrik，2016）。

Cruz 等（2015）认为发展中国家早熟去工业化对经济发展不利。发展中国家的去工业化也引起了世界的重视，如果发展中国家在经济发展过程中过早地出现去工业化，将会在政治和经济方面产生严重的后果。政治方面将会使民主化不太可能和更脆弱，经济方面将会降低经济增长潜力，加大与发达国家人均收入的差距（Rodrik，2013）。当早熟去工业化在发展中国家出现时，这些国家中作为经济增长引擎的制造业部门被削弱，社会总生产率的增长可能会下降；反过来，由于制造业部门受到抑制，进而引起投资减少，缺乏投资又引起开工不足而致使工资停滞，人们可支配收入不能得到持续上升，随后削弱了总需求增长，进而降低了经济增长以所需的速度创造就业机会，失业人数增加，导致就业不足；最后，经济发展将被推迟，因为需要更长时间才能达到生产和出口平衡的阶段，而且将会导致劳动力过剩和生产率水平降低。总而言之，过早的去工业化导致出现增长不足—低投资—低生产率—高失业率累积的恶性循环，伴随着对结构转型的负面影响。

1.3.2 国内研究现状

国内学者对于去工业化的研究，起步较晚，成果也相对较少，主要包括四个方面：一是对于去工业化含义的理解；二是对去工业化原因的分析；三是对去工业化影响的分析；四是关于中国去工业化现状及未来发展变化的分析。

（1）关于去工业化含义的理解。

何自力（2015）认为，去工业化是指一个国家已经形成的制造业优势走向萎缩和衰落的态势，表现为制造业在三次产业中的比重迅速下降。

黄永春等（2013）认为，去工业化是指一国或地区的工业化发展到某种阶段后出现制造业产出绝对值和相对规模持续下降的现象。

乔晓楠和杨成林（2013）提出，去工业化是指一个国家或经济体工业部门的就业占社会总就业的比例，以及工业部门的产值占经济总产值的比例出现持续下降的现象。

王秋石等（2010）指出，去工业化是一国或地区的制造业向服务业转移的过程。同时，王秋石等通过对中国去工业化现状的相关分析，把去工业化划分为总量去工业化和结构性去工业化，以及积极（主动）去工业化和消极（被动）去工业化。总量去工业化为一般意义上的去工业化，是制造业逐步衰退，服务业逐步兴起而替代制造业的过程；结构性去工业化则是指一国在制造业转移的过程中，通过技术创新和产业结构升级，保留一部分具有核心竞争力的产业，并保持实体经济在本国经济发展中的支柱地位。

牛海彬（2013）认为，去工业化主要是指工业较为发达的经济体由于主动或被动的原因，导致本国工业部门形成空心化或弱化的经济现象。

（2）关于去工业化原因的分析。

国内学者认为一国或地区出现去工业化的主要原因在于以下几个方面。

第一，去工业化是经济发展到一定程度的必然产物。胡连生（2016）认为，发达国家出现一定程度的去工业化是资本主义从工业社会向后工业社会过渡中的必然现象，符合人类社会发展规律，主要原因在于：一是人民的收入水平提高，需求发生变化，对非物质产品和服务的需求大幅增加，因而相关产业和服务业的比重也会大幅度增加；二是科技创新和技术进步导致劳动生产率的大幅度提高，意味着制造业就业下降与经济增长乏力、劳动力成本上升、利润率下降等问题叠加，加速了去工业化进程。当一国或地区处于工业化阶段的中后期时，由于技术和资本积累已经足够雄厚，居民的收入水平提高，消费水平也随之提高，此时社会的生产资源将从制造业部门转移到服务业部门，由此一国或地区会首先出现去工业化趋势（黄永春等，2013）。陈海啸和康振宇（2015）从产业结构变迁的角度分析了去工业化的形成，认为去工业化符合产业结构变迁的一般路径，随着工业化水平提高，服务业需求得到加强，进而工业在整个国民经济中的比重出现逐步下降趋势，从而产业结构出现去工业化的趋势；国际贸易和国际分工使工业产品依靠进口就能满足国内需求，不必像以往一样需要依赖本国的工业体系，这又加速了去工业化的进程。

第二，去工业化是市场经济自我调节的产物。石光宇和孙群郎（2013）认为市场经济与自然界其他事物一样，也需要遵循优胜劣汰的自然竞争法则，传统的制造业被服务业和信息行业等新兴行业所替代符合优胜劣汰的竞争规律，美国等发达国家去工业化的主要原因在于市场经济的自我调节。石光宇和孙群郎（2013）还分析了去工业化的具体原因，指出科技创新是去工业化的直接原因，全球化以及发达国家之间的竞争和发展中国家的兴起是美国等发达国家去工业化的间接原因。

第三，去工业化是经济虚拟化的过程。乔晓楠和何自力（2016）认为一些国家之所以会出现过早的去工业化，主要原因在于这些国家在工业化进程中没有利用好本国的比较成本优势，致使本国经济陷入劳动力成本悖论怪圈。胡立君等（2013）通过分析发达国家去工业化以及随之而来的产业空心化的形成原因，认为日本出现去工业化和产业空心化的原因在于国内的劳动力、自然资源等方面的约束越来越明显，以及国际贸易摩擦和汇率长期升值的不利贸易条件，导致产业资本的"离本土化"；美国出现去工业化和产业空心化的原因在于其大量的产业资本离开制造业领域而转入投机领域，导致虚拟经济过度膨胀，而制造业投资不足，出现产业资本的"离制造化"。刘茜（2014）认为自20世纪80年代后美国全面进入经济金融化阶段，导致投资偏向高价值创造行业，高端服务业得到高速发展和繁荣，而制造业因价值创造被排斥，不断转移出去，这是美国去工业化的主要原因。

（3）关于去工业化影响的研究。

赵儒煜等（2015）通过分析英、法、德、意四国工业部门在1991—2012年的就业占总就业的比率、工业增加值占GDP的比率、制造业产品出口在总出口中的比重，认为去工业化并不能推动经济结构服务化，也无助于实现经济的快速增长；同时，去工业化虽然能够创造一定条件优化产业结构，但这种产业结构的优化根本不能推动高端制造业的发展；去工业化会大大削弱投资、就业、消费的乘数效果，甚至最终导致经济的长期衰退。去工业化改变了制造业和服务业的就业分配，导致劳动力市场弹性加大而出现非典型就业或低度就业，从而产生不同部门薪资分配不公，使城市居民的收入分配出现重大变化，将会引起新贫困群体的产生，影响社会的稳定和发展。发达国家先后进入后工业化社会，这与去工业化分不开，去工业化孕育着经济虚拟化的过程（张云和刘骏民，2009；许平祥，2016）。

万继蓉（2013）提出，制造业是经济增长的动力，经济结构的去工业化导致制造业部门，以及工业部门在国民经济中的主导地位和作用的持续下降。欧美发达国家去工业化的直接后果引起资源错配，造成虚拟经济占GDP的份额远超过制造业，由于制造业占GDP的比例过低，导致无法长期支持虚拟经济的发展，进而使国际金融危机爆发（周茂华，2014）。去工业化改变了产业之间的关联度，引起产业的关联度出现下降，导致产业结构出现服务化倾向，进而影响经济增长和产业结构变化（苏立君，2016）。

黄永春等（2013）认为去工业化存在积极与消极之分，积极去工业化下制造业部门的生产率持续保持较高的增长速度，使该产业的产品价格出现下降，促使生产资源流向高技术含量和高附加值的服务业，提高了资源配置效率，最终实现向服务主导经济转型，整体促进了社会生产率的提高。黄永春等（2013）指出，如果一国出现消极去工业化，将会削弱制造业在经济发展中的作用，会对一国的经济增长、投资和就业产生显著的不利影响；会降低经济增长率，引发就业和工资的两极分化，导致收入差距扩大。

徐云涌和王展祥（2013）认为去工业化是工业化进程中的经济结构失衡，去工业化具有破坏性、联动性和可逆性三个基本特征。破坏性是指消极去工业化会给经济持续发展带来严重负面消极的影响；联动性是指去工业化使发达经济体与欠发达经济体在要素配置上紧密关联；可逆性是指去工业化可能会促使经济爆发活力，但也有可能使经济陷入停滞。

（4）关于中国去工业化现状及未来发展变化的分析。

第一，中国当前是否出现了去工业化趋势或现象。王秋石等（2011）通过建立相关指标分析了中国的去工业化现状，认为中国当前还未出现总量上的去工业化，但是，由于中国区域发展不平衡，许多省份已经出现了区域性的去工业化现象。代中强（2013）认为中国的去工业化不可避免，由于地区和城乡差异，以及行政分割等导致中国出现了总量去工业化与结构性去工业化两种模式并存，因土地供给不足、环境承载能力不强，以及要素价格上涨等致使东部沿海发达地区已经出现了地区性总量去工业化，而以长三角、珠三角、环渤海为代表的区域经济体通过逐步推进区域经济一体化，为中心城市的制造业向郊区及欠发达区域转移提供了适度的地理空间，这些地区正在经历典型的结构性去工业化。中国经济增长前沿课题组（2011）认为当前中国土地供给稀缺性和跨期分配效应增加了宏观经济风险，去工业化特征已现端倪。张开翼（2015）分析了1978—2013年上海的工业增加值和就业比重，认为上海中心城区已经基本实现了去工业化，但郊区继续大力发展先进制造业，对整体去工业化起到减缓作用；资本流动管制和国有企业行业的垄断也减缓了去工业化进程。

不过，金碚（2014）认为中国现阶段的经济结构调整并不意味着去工业化，反而是强工业化，即占据各行业的技术制高点的工业化。韩民春和李根生（2015）也认为目前中国产业转移的原因在于劳动力成本上升和区域合理成本存在差距，但这种产业转移并不是去工业化。胡鞍钢（2017）认为后工业化时代有四个基本特征：一是制造业产出占经济总量的比重持续下降，并明显低于服务业。二是服务业所占比重持续上升并占主导地位。三是信息技术发展迅速，进入信息时代。四是经济增长依靠创新驱动。中国虽然已经出现了后工业化的基本特征，但不是去工业化或放弃工业化，而是走有中国特色的新型工业化道路。

第二，中国需不需要去工业化。乔晓楠和杨成林（2013）认为去工业化存在好坏之分，好的去工业化是适度去工业化，能够推动产业结构的优化升级，进而推动经济持续稳定地增长；坏的去工业化是早熟去工业化，中国要避免早熟的去工业化。吴晨映（2014）认为目前中国的制造业还停留在传统制造业为主体的模式，整体上处于低效率与低技术含量阶段，对研发设计等具有高附加值的生产性服务的需求不足，应通过适度去工业化来促进产业结构升级，最终完成从制造业大国向制造业强国的转变。

何自力（2015）认为去工业化会带来一系列问题，如无法形成产业供应链、丧失就业机会、经济刺激政策失效等。当前中国工业基础不牢固，一旦发生去工业化，将会出现灾难性的后果。程晓农和仲大军（2005）指出，在中国这样的一个发展中大国，工业化阶段具有不可替代的作用，高技术产业根本不可能代替工业化的功能，如果中国现阶段就开始去工业化，将会是非常危险的事情。

第三，如何应对去工业化。王秋石和王一新（2014）认为中国目前正处在即将进入去工业化阶段，制造业面临着成本上升、人口红利消失、汇率上升以及东南亚国家的竞争等不利因素，同时发达国家的再工业化行为也对中国制造业构成了极大的挑战，结构性去工业化是中国应该采取的去工业化模式。黄群慧（2014）认为中国已经步入工业化后期阶段，工业经济增长的动力机制需要及时转换，工业化战略需要创新，工业增长方式也需要转变。刘军和徐康宁（2010）认为中国工业化存在区域差距，国家需要引导东部地区即将失去比较优势的部分制造业向中、西部地区转移，进而提高中、西部地区的工业化进程。

赵昌文等（2015）认为中国经济进入了工业化后期，需要创新驱动的增长模式，今后经济增长的新动力主要在于通过提高生产要素的质量，促进生产要素的优化配置来提高生产率，在于扩大居民的消费需求来促使经济焕发新活力，政府需要适应新发展阶段的转变，对政府自身的行政模式进行变革，重点是从生产型政府转向服务型政府，通过改革着力建立一个统一开放、公平竞争、有助于引导和激励创新的市场体系。纪明和梁东黎（2011）认为中国东部地区已经进入工业化中后期或后工业化阶段，中部地区处于工业化中期阶段，而西部地区还处于工业化初中期阶段，政府有必要制定政策促进东部地区的资源向中西部转移，加快中西部的工业化进程。张晨和冯志轩（2016）认为中国需要吸取美国经济金融化和去工业化的教训，要为制造业提供良好的发展环境，防止经济脱实向虚。

1.3.3 国内外研究现状评价

（1）关于去工业化含义的研究。

从国内外学者关于去工业化的界定中可以发现，国外学者对去工业化的研究比国内学者要早，对去工业化的认识也更为成熟，把去工业化分为地理学意义上的去工业化和宏观经济学意义上的去工业化来分别加以界定。国内学者在界定去工业化时，更多关注的是宏观经济学意义上的去工业化，相对忽略了产业的地区转移也是去工业化的一种表现形式。国内外学者对于去工业化的界定，有助于本书理解去工业化的含义，为对去工业化进行界定提供了很好的参考与借鉴。不过，随着社会与经济的发展，去工业化也出现了许多新变化，如中国出现的区域性去工业化，是中国作为发展中大国所独有的，是中国地域广、经济发展不平衡所决定的，是以对外直接投资为基本特征的一种去工业化现象，但这些在当前的去工业化研究中没有得到较好的关注。

（2）关于去工业化原因的研究。

国外学者对于去工业化的形成原因分歧较大，代表性的观点主要有四类：一是认为去工业化是经济发展的必然结果和充满活力的表现；二是国际贸易、全球化等外在因素促成了去工业化；三是消费需求的变化引致人们从对制造业产品的需求转向对服务的需求而出现去工业化；四是认为去工业化是资源禀赋等因素综合作用的结果。国内学者对于去工业化的成因也存在不同看法，主要包括：一是去工业化是人类社会必经的阶段；二是去工业化是市场经济自我调节的产物；三是去工业化是经济虚拟化的过程。国内外学者关于去工业化成因的研究已经取得了较为丰富的成果，这些均为本书分析中国去工业化现象的形成原因提供了很好的参考与借鉴。不过，国内外学者在分析去工业化原因时，相对忽略了工业发展与环境保护的关系，较少关注中国部分省份出现去工业化现象，主要原因在于工业发展与环境治理存在冲突，而这些在当前学界的研究中没有得到较好的体现。

（3）关于去工业化影响的研究。

国外学者对去工业化既有持积极的观点，也有持消极的观点。持有积极观点的学者认为去工业化不但不会减少就业，反而因为服务业和以信息技术为代表的信息经济的兴起而增加就业，去工业化有利于产业结构升级等。而持有消极观点的学者认为去工业化会使失业人口增加，导致家庭陷入贫困，影响社区稳定；去工业化不会促进产业升级，反而导致虚拟经济繁荣，引发金融危机等。国内多数学者对去工业化持有否定观点，认为去工业化对经济增长、就业和产业结构优化等有不利影响；也有部分学者认为去工业化是不可避免的，要区分去工业化的类型，要通过发展高新技术产业，选择积极的结构性去工业化来实现产业升级与转移。国内外学者关于去工业化影响的研究为本书分析中国去工业化原因、特征与影响提供了很好的借鉴，有助于本书系统性地分析中国如何充分利用结构性去工业化的积极作用，如何在工业化进程中避免早熟去工业化带来的消极影响。但这些研究忽略了去工业化对自身发展的利弊分析，忽略了中国东部地区向中西部地区进行产业转移是中国区域性去工业化的体现，而这有助于中国中西部地区加快产业结构升级；同时，当前学界的研究也缺乏发达国家去工业化和发展中国家去工业化对中国如何应对去工业化影响的借鉴，本书需要进行这方面的研究，从而对当前国内外研究的欠缺作出补充与完善。

（4）关于中国去工业化认识的研究。

国内学者对于中国去工业化问题的研究较为缺乏，至今的研究主要包括中国是否已经出现了去工业化现象，中国需不需要去工业化，以及如何去应对已经存在或可能出现的去工业化现象。在这些研究中，分歧较大，没有形成较为统一的观点，这既是一种缺陷，同时也为本书分析中国去工业化问题提供了一种契机。本书需要通过实证分析，对中国是否存在去工业化现象，中国出现去工业化现象的原因，中国去工业化现象的特征，中国去工业化对经济增长的影响有哪些，以及如何应对去工业化、警惕早熟去工业化、预防产业空心化等提供证据和建议。

1.4 研究方法、研究思路及研究框架

1.4.1 研究方法

（1）文献分析法。

学界关于去工业化的研究已经取得了一些成果，文献较为丰富，对国内外去工业化研究文献进行整理、归纳、概括是本书研究的一个基础。同时，在对已有文献归纳整理的基础上，本书对中国去工业化原因、特征、影响等进行了理论阐述，做到了文献分析与理论阐述相结合。

(2) 实证分析法。

本书通过收集、整理各省份的制造业就业和产出、地区GDP和人均GDP、对外直接投资、高技术产业、能源投入和产出等统计数据,实证分析了各省份的全要素能源效率,进而分析了中国区域性去工业化现象,以及中国区域性去工业化的基本特征和影响。

(3) 比较分析法。

本书对美国、日本、德国的去工业化模式进行了比较,分析了巴西和马来西亚的早熟去工业化现象,阐述了发达国家及其他发展中国家去工业化对中国去工业化的借鉴。同时,本书还对中国区域性去工业化现象下的积极去工业化和消极去工业化进行了个例分析,比较了这两种去工业化现象对经济增长的冲击与影响。

(4) 经济计量法。

本书通过构建经济计量模型,结合图表和数据,分析了不同部门增长率对GDP增长率的影响,分析了制造业部门对非制造业部门的溢出效应,分析了制造业产出和就业占比的影响因素,从而综合分析了中国区域性去工业化的形成原因,做到了定性分析与经济计量的结合。

1.4.2 研究思路

本书遵循文献梳理与理论建构→实证与计量分析→比较借鉴→政策建议这样一个研究思路进行分析。

1.4.3 研究框架

依据研究思路,本书的研究框架如下:

第1章是导论。本章主要包括选题背景、研究目的、研究的理论意义与现实意义、国内外关于去工业化的研究现状和评价、研究方法、研究思路和研究框架,以及创新点和不足之处。

第2章是去工业化的理论分析。当前国内学界对于去工业化的内涵和影响存在较多争议,本章在借鉴国内外众多相关文献的基础上,结合中国实际情况,对去工业化进行界定,并对去工业化与产业转移进行了区分。随后,本章分析了去工业化的影响,针对当前学界关于去工业化问题的分析,对去工业化的相关理论进行了阐述。

第3章是中国去工业化现状分析。本章首先构建了一套度量总量去工业化和区域性去工业化的测度指标，分析了中国去工业化现状；其次，对区域性去工业化进行分类，分析了区域性去工业化不同类型的经济增长差异。

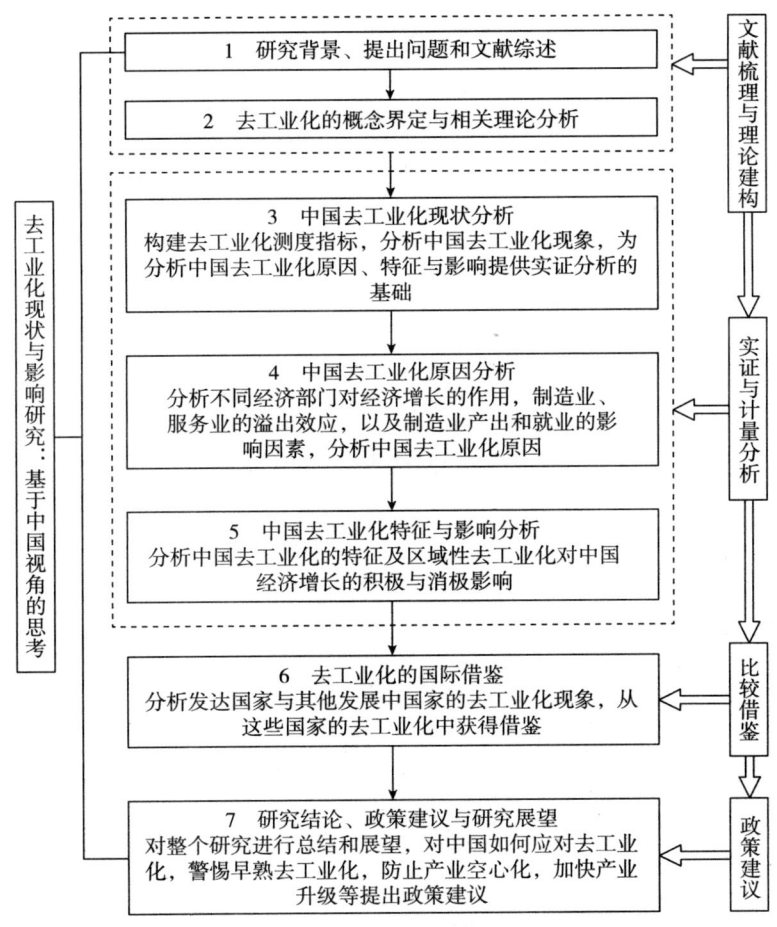

图1.1 研究框架

第4章是中国去工业化原因分析。结合中国去工业化现状，通过对制造业与服务业的需求收入弹性、制造业对非制造业部门的溢出效应、制造业产出影响因素和制造业就业影响因素的分析，考察了中国去工业化的形成原因。

第5章是中国去工业化特征与影响分析。本章首先基于新国际劳动分工和经济全球化竞争,从对外直接生产性投资的角度,对中国去工业化特征进行了分析;其次,分析了中国区域性去工业化对经济增长的积极与消极作用。

第6章是去工业化的国际借鉴。本章选择美国、日本和德国,分析并比较了不同发达国家的去工业化模式;选择巴西和马来西亚,分析了其他发展中国家去工业化的模式,然后分析了发达国家与其他发展中国家去工业化对中国区域性去工业化的借鉴。

第7章是研究结论、政策建议与研究展望。本章首先对本书的主要工作及研究结论进行了总结。其次,在前面各章节的基础上,提出了中国如何应对去工业化,警惕早熟去工业化,防止产业空心化的新思路,并具体针对第3、4、5、6章的分析结论提出了加快中国产业结构升级,促进新型工业化发展的政策建议。最后,对今后的研究方向做了展望。

1.5 创新点与不足

论文的创新之处主要表现在以下三个方面:

(1)通过采用最近五年的经济数据,对中国去工业化现状进行了综合分析,确认了中国存在区域性去工业化现象,丰富了去工业化研究的内容,从研究内容上体现了一定的创新。通过对中国各省份的相关数据进行分析,笔者发现中国虽然总量上还没有出现去工业化现象,但已经存在区域性去工业化现象。在区域性去工业化中,又存在不同类型的去工业化,本书对不同类型去工业化现象进行了比较分析,探讨了如何应对区域性去工业化、警惕早熟去工业化、预防产业空心化等,这些内容都在现有研究的基础上丰富了去工业化的相关研究。

(2)立足全球经济竞争和中国实际情况,从对外直接投资的角度分析了中国去工业化的特征与影响,从研究角度上体现了一定的创新。本书通过分析中国对外直接投资的发展变化情况,以及中国东部地区向中西部地区进行产业转移的情况,分析了中国去工业化的特征和影响,发现了中国对外直接投资呈现出四个特征,这也是中国去工业化的主要特征。从这个角度分析中国去工业化现象,有助于更好地理解东部地区去工业化对中国经济增长的积极作用,有助于正确认识去工业化对中国经济增长的正面和负面影响。

(3)通过分析不同部门增长率与 GDP 增长率的关系、制造业与服务业的溢出效应,以及制造业产出占比影响因素与制造业就业占比影响因素,综合分析了中国去工业化原因,扩展了对去工业化形成原因的认识,这也是本书研究内容上的一种创新。本书构建了相关的计量模型,分析了中国区域性去工业化现象的形成原因,这对于正确认识中国区域性去工业化现象,促进东部地区向中西部地区进行产业转移,加快产业结构升级等提供了重要的理论依据。

本书不足之处主要包括:

(1)由于资料收集渠道有限,没有获得足够多的国外去工业化文献,导致国外文献综述略显不足。

(2)当前国内学界对于去工业化的研究还较少,尤其关于中国是否出现了去工业化现象的研究偏弱,并且存在较大争议,在这方面能够参考与借鉴的研究范例较为缺乏,加上笔者基础较为薄弱,因此对去工业化下如何实施产业升级,中国如何警惕早熟去工业化、防止产业空心化,如何应对来自区域性去工业化的挑战等所提出的对策与建议还存在较多不足,希望以后继续学习能够获得更深的理解。

2 去工业化的理论分析

2.1 去工业化的内涵与影响

2.1.1 去工业化的内涵

(1) 去工业化的内涵。

从发达国家的发展路径看,去工业化属于工业化、后工业化、去工业化、再工业化的一个环节。去工业化(Deindustrialization)最早是用来指"二战"后以美国为首的盟国为了防止德国、日本等战败国大力发展工业以再次用于战争,对这些国家实施经济制裁,对它们的工业生产进行相关地限制和改造,进而削弱其经济基础。"二战"后,西方国家先后出现了经济的高速增长,制造业经历了一番快速发展后,在国民经济中的比重开始出现逐步下降趋势,制造业就业份额开始出现持续下降,而服务业在经济中的比重越来越大,服务业就业份额出现持续上升趋势。随后,学界认为西方国家的工业化已进入后期阶段,人们的收入大幅提高,对制造业产品的需求会逐渐减少,但对服务的需求则会持续上升。自此,去工业化问题也开始为学界关注。

如何理解和界定去工业化,学界还是存在较大争议。较为常见的主要有两种:一是从产业空间转移的角度来理解去工业化,即基于地理学视角的去工业化;二是基于工业尤其是制造业就业份额与增加值的变化来理解去工业化,即

2 去工业化的理论分析

基于宏观经济学意义上的去工业化。

从地理学视角来理解去工业化,发达国家在发展中国家进行直接生产性投资建厂生产来实施产业转移,或一国经济发达地区到欠发达地区直接生产性投资建厂生产进行产业转移,这是一种生产过程的地理转移,是新型的国际劳动分工或区域劳动分工在全球或一国范围内的重新分配,也是产品生产能力在全球或一国范围内的重新分配。从全球范围看,地理学视角的去工业化是制造业的资源和就业机会从发达国家向其他相对欠发达和发展中国家或地区的转移过程,如美国的制造业是先向日本进行部分产业转移,然后再向亚洲"四小龙"、中国和其他发展中国家进行产业转移。同时,地理学视角的去工业化也是指产业的国内梯度转移,一般为发达地区的制造业从城市中心地带转移到郊区和国内其他生产成本低廉的欠发达地区,然后进行产业的跨国转移。

从地理学视角来理解去工业化时往往与对外直接生产性投资联系在一起,而产业空心化同样与对外直接生产性投资紧密相关。产业空心化有广义与狭义之分,广义上的产业空心化把第一、第二产业均包括在内,指由对外直接生产性投资引起的国内第一、第二产业(尤其是制造业)在国民经济中的比重及地位的下降,第三产业以服务业作为经济增长的主要力量为特征的去工业化出现比重上升现象。而狭义的产业空心化是指由于对外直接生产性投资引起的以制造业为代表的产业向国外大规模转移,导致国内制造业持续萎缩,国内制成品需求需要依靠国际进口来维持,经济增长的增速出现持续下滑的不良经济现象(李东阳,2000)。从这里可以看出,地理学意义上的去工业化与狭义的产业空心化存在共同之处,这也是一些文献把去工业化与产业空心化放在一起分析的原因所在。

基于宏观经济学意义上的去工业化是指一国制造业的就业绝对人数及占总就业的相对比重出现持续下降趋势。在经济发展的过程中,几乎所有国家都要经历农业的发展与繁荣,农业的就业份额达到稳定。然后随着工业的发展,农业份额开始出现持续下降,而制造业的就业人数和份额则持续上升,这个转变过程被称为工业化。制造业就业份额快速上升反映了积极的结构变化,然而,这个周期不能以非常快的速度无限地持续。随着制造业就业份额持续上升,生产率大幅提高,以及居民收入水平逐渐增加,制造业就业份额最终会趋于稳定。在某些时候,制造业将开始收缩,导致经济增长率和制造业所创造的就业率出现下降，这标志着工业化进程出现转折点。同时，伴随制造业就业份额持续下降，流出的劳动力将会被服务业和新兴产业所吸纳，从而服务业和新兴产业的就业份额出现持续上升趋势，这个过程被称为去工业化。

对于宏观经济学意义的去工业化，学者见仁见智。较为常见的是以制造业就业比例和（或）制造业增加值占GDP比重的持续下降来对去工业化进行界定。究其原因，主要在于两个方面：一是在于工业中主要以制造业为主，各国政府也是通过制造业的发展程度来评价该国工业化和经济发展水平；二是以制造业就业及相对份额来评价是否出现了去工业化现象，在于与产出市场相比，要素市场更能说明去工业化是发达经济体不同产业之间生产成本不断调整的过程（王秋石、李国民、王展祥，2010）。

我们认为，去工业化是一个与工业化相伴随的概念，同属于工业化、后工业化、去工业化、再工业化框架中，是指一个国家或地区工业化发展到一定阶段后出现的制造业就业人数和占社会总就业份额持续减少的现象。去工业化可以区分为以发达国家为代表的传统意义上的去工业化和以发展中国家为代表的早熟去工业化。传统意义上的去工业化是一种狭义上的去工业化，表现为制造业产能转移至其他国家，引起国内制造业增加值和就业的相对下降，进而出现产业空心化。此外，还存在这样一种去工业化类型，我们称之为广义去工业化。广义去工业化表现为国内产能继续保持，甚至出现增长，制造业增加值和就业的相对地位没有出现下降，同时在国外制成品市场具有比较优势，进行大规模生产性投资，但生产出的产品不会返销国内，而是在国外直接销售。

去工业化是延续工业化的动态过程，通常具有后工业化时代的特征，即经济活动是以服务的提供为中心，而不再是以物质产品的生产为中心。西方发达国家经济增长经历了长期的去工业化后，现在又出现了再工业化的迹象，并不意味去工业化的结束，而是重新开始了新一轮的去工业化，是去工业化的高级发展阶段。西方国家再工业化不是要回归传统的中低端制造业领域，而是要大力发展高端制造业和战略性新兴产业，通过产业的再次转移以寻求更低的生产成本。如果仅仅是传统制造业的简单回归，那么发达国家的再工业化是不可能实现的。因此，从去工业化到再工业化，并非就是直线型的，而是一种螺旋式的、不断发生的去工业化历程。在更为宽泛的意义上，去工业化和再工业化所代表的是完成工业化进程后的经济社会发展的全面转型和变革。从全世界范围来看，去工业化其实包含了更多的内容，去工业化是经济发展过程的必经阶段，不仅发达国家在经济发展到高级阶段普遍发生了去工业化，而且当前部分发展中国家在制造业还处于较低发展层次就开始出现了去工业化现象；去工业化不但包括制造业的就业人数和份额方面的变化，以及制造业在经济中的地位与作用的变化，而且包括与工业化本身相关的社会结构等多方面的变化。

（2）去工业化的表现形式。

依据去工业化的表现形式，去工业化可以划分为总量去工业化和结构性去工业化。

总量去工业化即为一般意义上的去工业化，即一国的制造业就业人数占总就业的份额和制造业增加值占GDP的比例双双出现持续下降。一国出现总量去工业化，不但在制造业就业绝对人数和相对份额出现下降，而且制造业产出绝对增加值和相对份额也出现下降。同时，一国出现总量去工业化时，制造业进出口贸易占世界贸易份额也会出现下降，而制成品进口会大于出口。

结构性去工业化则是指一个国家或地区通过实施产业结构调整，加大技术革新，淘汰位于产业链和价值链低端的低技术水平和劳动密集型传统制造业，提高位于制造业产业链和价值链高端的技术密集型产品生产比例。

同时，去工业化还包括区域性去工业化。区域性去工业化往往出现在发展中大国。由于发展中大国区域范围广，区域经济发展不平衡，不同区域之间经济发展差异巨大，有的地区已经进入了工业化后期阶段，制造业劳动生产率已经处于较高水平，服务业和高技术产业得到了飞速发展，并开始了主动去工业化。还有一些地区还处于工业化初期阶段，制造业劳动生产率还在较低水平，还需要加大制造业比重，大力发展或承接发达地区转移的部分具有动态比较优势的产业。

（3）典型去工业化与早熟去工业化。

典型去工业化是指发达国家的去工业化，是在工业化后期，已经实现了现代化，生产率和人均收入较高的情况下出现的一种正常经济现象。而早熟去工业化（Premature Deindustrialization）则是在劳动生产率和人均收入水平均很低的发展中国家出现的一种过早的、还没有达到后工业化阶段的畸形去工业化现象。与发达国家典型的后工业化阶段出现的去工业化相比较，部分发展中国家的早熟去工业化存在两个基本特征：一是人均实际收入还处于低水平阶段，人们对于制成品的需求还有很大的弹性；二是出现早熟去工业化的国家还处于加速工业化阶段，加速工业化与去工业化并存，因而这种类型的去工业化是正常工业化的逆转与停滞。

典型去工业化与早熟去工业化都是制造业就业与实际产出的持续下降，是制造业在经济增长中的作用受到削弱。发达国家出现典型去工业化时，现代服务业和新兴产业出现持续增长趋势，制造业就业和产出的持续下降会被服务业和新兴产业的就业和产出的增加所补偿。因此，发达国家的去工业化，只是在产业结构调整及生产资源全球优化配置条件下，传统制造业被高端制造业所替代，传统就业岗位转移海外，发达国家自身掌握具有高附加值的制造业研发和营销环节，而具有低附加值的生产和制造环节则在发展中国家完成。但对于出现早熟去工业化的发展中国家，这些国家仍处于工业化的早期阶段。尽管有一些发展中国家已进入工业化中期，但总体而言，人们的实际收入仍处于较低水平，科技水平也仍处于较低水平，技术创新更是明显不足，大部分还处于技术模仿阶段，制造业就业和产出的减少并不能被服务业和新兴产业所补偿，将会导致失业增加和经济萎缩。历史上，工业化被认为是发展的同义词，制造业被视为增长的引擎，它使农村地区的工人有可能转移到工厂的高生产率工作，由于重新分配效应，有助于总体 GDP 增长。但由于在工业化初、中期阶段就出现早熟去工业化，制造业作为发展中国家经济增长的引擎作用被削弱了。同时，社会总生产率增长受到抑制，进而减少投资，削弱需求，降低经济增长以所需的速度创造就业机会，失业率居高不下，导致发展中国家需要相当长的时间才能过渡到工业化的最后阶段，进而使发展中国家的工业进程受到阻碍。自 20 世纪 80 年代以来，面对全球化带来的竞争和机遇，大多数发展中国家积极实施出口导向增长战略，希望能够借此促进经济的快速增长和积极的结构变化，但早熟去工业化将会使这一战略失败，进而导致发展被延期。

（4）去工业化与产业转移的区别与联系。

学术界在界定产业转移时，把它划分为宏观层面的产业转移和微观层面的产业转移。

宏观层面的产业转移，是从整个产业的角度来分析产业转移，也即广义上的产业转移。陈建军（2002）认为，产业转移是产业进行跨国或跨地区空间

2 去工业化的理论分析

移动的经济过程,是由于生产要素供给出现改变或市场对产品的需求发生变化而引起。刘友金和胡黎明(2011)认为,产业转移是由于资源供给或产品需求等出现改变,导致相关产业出现跨国或跨地区的外迁行为和过程。邹积亮(2007)认为,产业转移是一国或地区为实现产业结构升级,在要素供给或产品需求状况等因素发生变化后,将处于不同发展阶段的产业与行业的产品研发、生产、销售甚至企业总部转移到另一国家或地区的过程,是引起跨国或跨地区产业分工的重要因素。客观上,产业转移表现为产业在空间地理位置上的移动,既是发达国家调整产业结构、参与全球经济竞争的重要手段,也是发展中国家调整和转变产业结构、实现产业升级和技术创新的重要途径(王云平,2013)。国际产业转移是由于地理位置、制度环境、产业配套环境、资源禀赋等因素的差异,导致不同国家或地区之间动态比较优势发展变化而形成的产业移动过程。跨国或跨区域的产业转移,是发达国家实现新的国际产业分工与合作的重要途径。发达国家通过国际产业转移,实现了产业的全球性战略布局和调整,达到了更加有效地利用全球生产资源,提高了资源重新配置效率,从而进一步发展和提升自己竞争力的目的(赵建吉等,2014)。产业转移是对一国或地区内生产力空间分布的合理优化,是形成产业分工体系的有效途径,是推进产业结构升级转型、形成新的区域经济增长点的必然要求(丁建军,2011)。

从微观层面进行分析,产业转移的关注点在于单个企业的产业扩张和产业结构调整,这是一种狭义范围上的产业转移。魏后凯(2003)指出,产业转移是单个企业为了达到较好地组合利用不同地区的生产资源,从而对企业的生产区位进行选择调整的过程。张公嵬等(2010)指出,产业转移主要包括两种:一是单个产业或企业随着生产条件的变化,从而在地理位置上进行部分或整体的空间迁移;二是因承接来自发达地区的迁出产业,或本地新增生产性投资致使产业区位发生变化,如中西部地区出现大量新增劳动密集型产业,可能来自于对东部地区产业迁移的承接,也可能来自本地区自身的新增生产性投资。无论是东部地区产业迁往中西部地区,还是中西部地区自身新增生产性投资,都是引起了劳动密集型产业的区位变化。

本书认为,产业转移是产业或企业由于外在条件,如资源供给紧张、消费需求不足等的变化,导致产业份额的下降或生产成本上升,进而向外转移以寻找具有动态比较优势生产成本的过程。产业转移与去工业化在多个方面并不等同：一是产业转移与去工业化产生的原因存在本质区别，产业转移是由于资源供给或市场需求变化而引起的，去工业化是由于制造业的生产率远高于其他部门而产生的；二是产业转移与去工业化的内涵存在本质区别，去工业化的内涵比产业转移要更广泛，去工业化是整个制造业在经济中的地位和作用出现逐步下降趋势，产业转移则往往只是部分产业（主要是制造业）的地位和作用出现下降趋势。

产业转移与去工业化也存在密切联系：一是产业转移与去工业化都表现为产业或企业的国际范围或区域内的转移过程，是产业或企业寻找成本洼地的行为与过程，是资本逐利本质的一个体现，是资源重新配置的具体表现；二是产业转移与去工业化在转移的内容上表现一致，产业转移的内容一般以传统制造业为主，而去工业化也一般表现为传统制造业的跨国或地区内的转移；三是产业转移与去工业化是相互承接的关系，去工业化主要以产业转移的形式表现出来，产业转移往往是去工业化的前奏，可以认为狭义的去工业化等同于产业转移。

国际上至今出现了四次产业转移，如表2.1所示。伴随第一次产业转移之后，发达国家开始出现去工业化。在这四次产业转移中，发达国家是国际产业转移的主体，转出的主要是位于生产链和价值链低端的低技术型产业。直到2008年国际金融危机后，才出现了少量技术密集型产业的国际转移，但此时也是发达国家控制了这些制造业的研发和营销环节，而生产和制造环节则是放在发展中国家，如美国苹果手机在中国的生产和组装。

表 2.1　国际产业转移路径

次数	时间	转出国（地区）与承接区域	转出产业
第一次	20世纪50年代	美国向日本、联邦德国等国家（地区）实施转移	钢铁、纺织等资源、劳动密集产业
第二次	20世纪60—70年代	美国、日本、联邦德国向亚洲"四小龙"等新兴工业化国家（地区）实施转移	轻工、机电、造船等劳动和资本密集型产业

续表

次数	时间	转出国（地区）与承接区域	转出产业
第三次	20世纪50年代至21世纪初	美国、日本、亚洲"四小龙"等向中国为代表的发展中国家实施转移	劳动和资本密集型产业、一般技术密集型产业
第四次	2008年金融危机后	发达工业化国家向发展中国家实施转移；中国内地东部沿海地区向中西部地区实施转移	劳动密集型和资本密集型产业、少量技术密集型产业

2.1.2 去工业化的影响

（1）去工业化的影响。

一般而言，去工业化是产业转移的过程，随着制造业地位的下降，必将带来一系列的经济与社会问题。以卡尔多为代表的结构主义者认为，制造业是拉动整个经济并促进积极结构变化的经济增长和发展的引擎。从这种意义上说，去工业化可能对经济增长、投资和就业产生显著的长期负面影响，形成所谓的"去工业化危机"。随着经济全球化加速，不但发达国家普遍在经历去工业化，许多发展中国家也显示了去工业化迹象。许多发达国家和地区的制造业规模持续下降，制造业就业机会逐步减少，制造业不再是经济增长的主要贡献者。随着新型服务业的兴起，制造业分离出来的富余劳动力逐步流向服务业，但由于服务业的劳动生产率要低于制造业，且多数服务业人员的实际人均收入水平要远低于制造业部门，因而去工业化一方面使整个经济的生产率增速放缓，进而导致生活水平增速放缓；另一方面则是因制造业和服务业收入差距导致收入不平等增加。当发展中国家发生早熟去工业化，这些国家还没有完成工业化，劳动力就业和生产率水平还处于较低的水平，随着制造业被削弱了其作为经济增长引擎的作用，将导致总生产率下降。而由于经济不发达及服务业落后，缺乏更多的投资机会，制造业地位的下降将进一步减少投资和就业，导致工资停滞和社会需求不足，并对其经济的可持续发展能力产生极其严重的消极影响。

对于发达国家而言，去工业化是经济正常发展的结果，具有积极效应。发达国家的去工业化出现在工业高度成熟度的时候，服务业工作取代制造业工作，服务业部门增长超过工业部门，满足了因收入增加而致的多样化需求。如果生产率的增长高于产量的增长，就业就必须缩减，制造业生产率的增长足够高于经济体其他部门生产率的增长，制造业就业比率就会出现长期下降趋势，甚至就业水平最终不再存在。因此，在这种情况下去工业化主要是因为需要较少的劳动力来生产制造业产品，富余劳动力可以流向服务业和新兴产业，从而解决这些行业的劳动力紧缺现状。同样，去工业化并不一定就是负面的产业空心化，而可能是积极的结构变化和正面的资源重新分配，从传统制造业转向以高端制造业、现代服务业和高新技术产业为代表的新兴产业为主体的经济体系，同时促进经济持续增长。一些发达国家的去工业化是结构性去工业化，放弃位于生产链和价值链低端的劳动密集型产业，转而发展位于生产链和价值链高端的高技术产业，发展现代服务业，不但不会延缓经济增长，反而能够带动经济朝着健康、稳定的方向发展。这种以现代服务业和新兴产业为主导地位的经济结构也是目前大部分发达国家存在的经济结构。

（2）去工业化的原因。

对于去工业化原因，归纳起来主要有以下四个方面。

一是技术革新引起制造业生产率的变化。长期以来，制造业生产率的快速增长被认为是去工业化的主要原因。制造业生产率的持续增长使制成品的相对价格随着经济的发展而下降，这反过来又鼓励将制造业产品替代其他项目，特别是那些由于生产率增长相对较慢而相对成本出现上升的服务，因而制造业得到快速发展。但随着制造业生产率的提高，从而既定的产出需要更少的劳动，制造业部门更快的生产率增长所产生的节省劳动力的影响超过了价格下降对制造业制成品需求产生的影响，因此净效应是减少制造业就业的份额。在 Clark（1957）关于经济发展和就业模式之间关系的经典研究中，他认为制造业的生产率提高通常超过服务业的生产率提高，这种相对稳定的现象应该表现为制造业在全国就业中所占份额的缓慢下降。高生产率公司通过使用节省劳动力的技术和其他管理策略，每年可以用越来越少的工人维持其现有的产出水平。在经济的宏观层面上，这意味着如果一个部门在生产率增长中一直超过其他部门，并且这些部门之间的需求模式保持不变，那么就业增长应该在动态部门收缩，进而劳动力需求出现萎缩，并在不太活跃的部门扩大，那里对劳动力的需求仍然更加强劲。更为重要的是，由于货物的生产通常需要标准化和重复的过程，制造业部门通常可以通过使用自动化、机械化和其他节省劳动力的技术来提高劳动生产率。但是在服务业部门中这种情况较少发生，其中许多业务功能不容易机械化，因而随着服务业的扩张，就业需求也随之增加，从而可以吸纳从制造业流出的劳动力。

二是居民收入大幅提高引起消费需求模式出现变化。随着进入工业化后期阶段，经济得到快速发展，人均 GDP 持续上升，居民收入也在大幅增加，消费者有能力消费一次性的服务，倾向于增加对新型服务业的消费需求，减少对传统制造业产品的需求。一国出现典型去工业化时，实际人均收入必定达到了较高的水平，去工业化只是当国家的人均收入达到一定水平时制造业就业的下降，即成熟经济体将就业转化为专门服务，作为其经济正常发展过程的一部分。学界较多的研究认为一国居民的实际人均收入与相对制造业就业具有倒 U 形效应，即随着实际人均收入的增加，制造业就业也在持续上升；当实际人均收入达到某个临界点时，制造业就业开始出现持续下降（Rowthorn 和 Ramaswamy，1999；Krugman 和 Lawrence，1993）。对于低收入和中等收入国家，实际人均收入的增量首先是增加相对制造业就业，但超过一定的富裕门槛，收入的额外增加将会导致制造业就业在全国就业总额中的份额开始出现下降。对富裕国家而言，这意味着日益增长的富裕导致消费者将其新收入的大部分用于服务的消费，这一结果反过来促进了去工业化。Rowthorn 和 Ramaswamy（1999）、Rowthorn 和 Coutts（2004）认为去工业化是在人均实际收入达到一定水平时才会出现，即人均收入与去工业化存在一个转折点，这个转折点大概是实际人均收入达到 12000 美元。Dasgupta 和 Singh（2006）则认为实际人均收入达到 10000 美元就标志去工业化已经来到。

三是经济全球化加剧了全球竞争和国际贸易。日益激烈的国际贸易竞争一方面促使发达经济体不断提高制造业的劳动生产率；另一方面则又使发达经济体的传统制造业在国际竞争中失去优势，为了获得动态比较优势，需要对部分已经不具有相对比较优势的制造业进行调整，重新进行资源配置。劳动生产率的快速增长和实际人均收入水平的大幅提高带来了生产成本的上升，引起许多跨国公司开始寻求通过将其日常生产工作转移到世界经济增长缓慢的低工资地区来降低生产成本。随着与信息革命相关的技术进步开始减少与地理距离相关的障碍，这种业务战略变得越来越可行。同时，许多跨国公司通过多种方式来提高其生产的灵活性，将其业务运作分散在一个小型、不断变化的业务部门，每个业务部门在更大的业务活动链中执行特定任务，以及将某些非必要的商业功能外包给第三方服务提供商,这些服务提供商在合同基础上承担这些职责。这些趋势重新调整了以前的国际劳动分工,使发展中国家迅速工业化,专门从事劳动密集型和低技能制造业工作,而发达国家则出口技术密集型制成品,以换取来自发展中国家的劳动密集型制成品。制造技术密集型产品只需要雇佣少量的技术工人,而生产相同价值的劳动密集型产品则需要雇佣更多的非熟练工人。

四是社会服务需求的变化促进了资源的重新分配。随着社会和经济的发展,人们对社会服务需求提出更高的标准与要求,需要更多的公共服务部门来满足这些要求,进而促使公共服务部门持续快速扩张。社会资源是有限的,公共服务部门的扩张,使资源从工业部门不断转移到服务部门。同时,公共服务部门扩张伴随政府消费扩展,并导致储蓄、投资和出口下降。这些综合起来加速了去工业化进程。

去工业化不是某个因素单独引起的,而是包括生产率、需求变化、国际贸易和社会服务需求变化等在内的所有内外因素共同作用的结果。

2.2 去工业化的相关理论

2.2.1 产业结构理论

(1) 配第—克拉克定理。

在产业结构理论中,首先要面对的问题在于如何对产业进行分类,恰当的产业分类是建构产业结构概念和开展产业结构研究的前提和基础。由于研究者在研究产业结构时采取的角度和分析目的不同,学界关于产业结构的分类也就存在多种方法,最为人知的是三次产业分类法。三次产业分类法出自于费夏(Fisher,1935),随后克拉克(Clark,1940)进行了补充和发展。克拉克以三次产业分类法为分析工具,对经济发展与产业结构演变的规律进行了总结,得出了一些十分重要的结论。之后,三次产业分类法成为学者进行产业结构研究的基础。

2 去工业化的理论分析

按照克拉克的三次产业分类法,第一次产业是广义的农业部门,第二次产业是广义的工业部门,第三次产业是广义的服务业部门。在克拉克之前,19世纪的威廉·配第就指出,随着经济不断向前发展,工业在国民经济中的地位将比农业更为重要,而商业又将比工业更为重要;不同产业之间存在收入上的相对差距会使人们从相对收入较低的部门向相对收入较高的部门进行转移,制造业部门的相对收入比农业部门的要高,而商业部门的相对收入又比制造业部门的要高,因此劳动力转移遵循先从农业部门到制造业部门,再从制造业部门到商业部门的基本规律。到了1935年,费夏又进一步提出,生产结构的变化表现为各种生产资源在不同产业之间进行转移,转移次序为从第一产业到第二产业,再从第二产业到第三产业,即使政府进行干预,也不可能阻止生产资源在产业之间发生的这种转移。随后,克拉克扩展了这些理论,认为随着人均实际收入水平逐步提高,第一产业占比将会越来越小,而第三产业占比则会越来越大;反之,如果人均实际收入水平越低,第一产业占比就会越大,第三产业占比则会越小,这即为配第—克拉克定理。

依据配第—克拉克定理,随着经济的发展和生产率的增长,实际人均收入水平越高的国家,农业部门就业在社会总就业中所占的份额会越小,而第二、第三次产业就业在社会总就业中所占份额则相对会逐步变得越大;反之,实际人均收入水平越低的国家,农业部门就业在社会总就业中所占份额越大,而第二、第三次产业就业在社会总就业中所占份额则相对越小。配第—克拉克定理也是有条件的,存在三个不可忽略的前提:一是克拉克在分析产业结构演变规律时,认为随着时间推移,一个国家或地区的产业结构也会发生变化。二是克拉克把劳动力作为分析指标,通过经济发展过程中劳动力在各产业中的变化情况来分析产业结构演变规律。三是克拉克是建立在把全部产业划分为三大类产业作为研究的基本框架基础上来分析产业结构演变规律。

克拉克分析了劳动力在三次产业中转移的原因,认为人类社会的农业劳动生产率一直在有规律的提高,随着生产率的提高进而引起人均农产品的增多,导致社会对农产品的需求下降是第一产业劳动力向外转移的主要原因;第二产业的生产率和人均产出远高出其他产业,但由于第二产业产品的服务期限相对较长,故人们对第二产业产品的需求是相对稳定的,即第二产业劳动生产率提高很快,但其产品需求相对增长较慢,因此随着经济进步和生产率的持续增长，第二产业吸纳的就业逐渐减少，必然出现富余劳动力流出；第三产业则与第一、第二产业存在很大不同，人们对于第三产业产品需求增长速度要快于第三产业劳动生产率的增长，随着社会收入水平的增加，人们对第三产业的需求持续上升，需要更多的劳动力来支持第三产业的发展，必然引起就业从第二产业逐渐流向第三产业。

（2）库兹涅茨的现代经济增长理论。

库兹涅茨（1966）认为，现代经济增长的显著特征不是产业在产量和自然资源间长期比例的变动，而是积累数十年后，这些移动的速度和影响程度。库兹涅茨也是采用了类似三次产业分类法，把产业划分为三个主要的部门：一是广义的农业部门，二是广义的工业部门，三是广义的服务业部门。农业部门在国民经济中所占比重的下降，表明农业净产值的增长率低于整个经济总产值的增长率；工业部门在国民经济中所占比重的上升，表明工业产出的增长率高于整个经济总产出的增长率；服务业部门在国民经济中所占比重保持不变，表明服务业的产出增长率与整个经济总产出的增长率相一致。库兹涅茨认为，在现代经济增长过程中农业部门的人均产值增长率远低于工业与服务业部门的人均产值增长率，一个重要的原因在于人们对食品及其他农产品的需求弹性低，而对工业和服务部门产品的需求弹性则更高。技术创新不仅能够提高劳动生产率，而且也能产生新消费者和新生产资料。库兹涅茨指出，一个国家或地区要实现经济增长，必须同时满足以下几个条件：一是农业部门的劳动生产率明显提高，进而导致农业部门就业人口占社会总就业人数的比重出现下降；二是工业部门增加值，尤其是制造业和交通通信净产出在全国总产出的比重呈持续上升趋势，而劳动生产率的明显提高导致对所需就业人员的下降，以及对资本流入产生限制；三是服务业部门和基本贸易净产出占全国总产出的比重保持不变或出现下降趋势，而这些部门的就业人口占社会总就业人数的比重则明显上升。

库兹涅茨论述了产业结构转变的发展趋势，认为技术进步是导致产业结构出现转变的关键因素。库兹涅茨分析了新产业出现的前提条件，首先是生产实践知识的不断丰富，从而发现生产中存在的问题与不足，进而研发出新工艺与新产品，或使用原材料的新方法。新产业的出现，意味着现有产业在国家总产出中所占的比例和生产要素的分布随之出现改变。同时，由于新兴产业具有高成长性，因而既有的产业结构就会发生持续地转变。即使技术改进仅仅只是提高了生产能力和降低了生产成本，这些技术改进也可能会对其他产业的生产率和生产要素的使用产生直接或间接的影响。库兹涅茨认为不同产业受到技术进步的影响不同，如果某种产业通过技术改进而获益较多，那么同样会因为技术改进而受到特定的资源、生产过程和产品复杂性的限制，进而导致该产业在将来为经济增长做出重大贡献的机会减少。库兹涅茨认为技术改变的速度越快，产业结构的转变也会越大。国民人均收入持续提高，不但反映了技术的快速进步，而且将引起产业结构出现重大转变，以及引起需求结构的更大转变。现代经济增长的一个基本要求就是社会对资本和劳动力转移的适应能力，以及资本和劳动力的转移包括在产业结构的长期发展趋势之中，并且不需要为调整付出代价引致扼杀经济增长所需求的资源产业的成长。经济增长和技术变化必然引起产品及资源产业结构发生变化，阻碍这种变化会减慢经济增长。

（3）钱纳里的结构变迁理论。

钱纳里（1986）把一国经济结构的转变划分为三个发展阶段：一是初级产品生产阶段，二是工业化阶段，三是发达经济阶段。发达经济阶段已经进入后工业化社会，因此是后工业化和现代化社会阶段。

初级产品生产阶段以农业生产为主，农业生产在经济结构中占有绝对地位。由于农业生产率提高较慢，而制造业生产率提高较快，因此初级产品生产率增长的速度低于制造业。不过，由于收入水平低下，限制了人们对制造业产品的消费，因而制造业产品的有限需求也不能使制造业成为社会总产出的主要来源。在初级产品生产阶段，由于农业占比过高，因而经济增长速度较为缓慢。同时，此阶段劳动力会出现加速增长，但全要素劳动生产率增长速度极为缓慢。生产率增长的速度过慢导致了初级产品生产阶段的总产出以低速增长。

工业化阶段包括工业化初期、中期和后期三个阶段，以制造业生产为特征。工业化初期阶段由于技术还处于低水平阶段，主要以劳动密集型产业为主，利用丰富的廉价劳动力降低生产成本，以提高产业和区域的竞争力。进入工业化中期阶段，社会对重工业产品的需求开始超越对轻工业产品的需求，制造业内部逐步由轻型工业向重型工业转型，重化工业开始占据了制造业的主体，因此工业化中期阶段也是重化工业阶段。工业化中期阶段的大部分产业属于资金密集型产业，随着人均收入大幅提高，人们开始追求对服务的消费，第三产业开始迅速发展，城市化水平也迅速提高。因此，工业化中期阶段是区域经济发展由传统社会向现代社会发展的关键阶段。进入工业化后期阶段，第一、第二产业继续保持较高水平的发展，第三产业保持持续高速的发展，开始成为区域经济增长的主要力量。

钱纳里认为从工业化阶段向发达经济阶段转变，可以通过以下几种方式得到实现。从需求方面看，伴随人们收入水平的增加，制造业产品的收入弹性开始逐步降低，当人均实际收入超过某一界限时，制造业产品的需求及其占国内总需求的比重将会出现持续下降趋势。虽然制造业产品出口的持续增长在短时期内可以抵消这种变动趋势，但最终制造业产出与就业在生产总值与社会总劳动就业中的份额出现持续下降趋势，直至在某个范围内保持稳定。从供给方面看，发达经济阶段区别于工业化阶段的主要特征在于经济增长的贡献力量发生了巨大改变，要素投入的综合贡献出现了明显减少。资本投入对经济增长贡献减少的原因在于资本增长的速度较慢，以及资本的比重出现了下降的趋势。人口增长的速度也明显减缓了，甚至部分发达国家出现了下降趋势。

在钱纳里看来，工业化阶段中工业份额增加的原因主要在于几个方面：一是随着人均收入的增加，国内需求模式出现了变动；二是工业产品中间使用量出现了持续增加；三是要素的动态比较优势随要素比例改变而发生较大变化；四是国内需求、工业产品中间使用量和要素比较优势随着每个国家的初始经济结构、自然资源禀赋和发展政策的不同而出现改变。国家或地区之间经济发展水平的差异，使不同经济结构在经济增长中的重要性发生了改变，发展中国家与发达国家的增长过程存在本质不同，根本原因在于两者的经济结构不同。初级产品生产导向的国家，生产结构转变的速度较慢；制造业生产导向的国家，在工业化程度较低时，结构转变则很迅速。而当一国的产业结构接近发达国家的结构，处于较高的工业化水平时，结构转变的速度就会减慢。

2.2.2 产业转移理论

（1）产品生命周期理论。

Vernon（1966，1979）在总结国际贸易对发达国家工业结构转变影响的基础上，通过分析产品的国际循环，阐述了发达国家与发展中国家之间产业与产品的周期性发展进程，以及产业与产品如何从发达国家向发展中国家实施转移的过程。Vernon认为完整的产品生命周期包含新产品、成熟、标准化生产三个阶段。

Vernon认为产业转移出现在产品标准化阶段，原因在于此时已经实现了产品和技术的标准化，国内市场也已经基本饱和，并且技术创新国的生产和出口竞争优势面临来自技术模仿国的劳动成本低廉优势和其他成本优势的重大挑战。Vernon认为发达国家向发展中国家实施产业转移的目的在于企业为了顺应产品生命周期的变化，回避某些产品在生产上的劣势。产品生命周期理论将比较优势从国际贸易领域延伸到对外直接投资，将动态区位条件引入来分析产品生产区位的变化，是对早期产业和产品转移理论的系统描述和总结。随后，区域经济学家采用产品生命周期理论来解释区域产业布局和转移问题，认为产业转移是企业为了顺应产品生命周期的变化，从而回避产品生产的比较劣势而实施的空间移动，产业转移是产品生命周期特定阶段的产物，是产品演化的空间表现（Porter，2004）。

Tan（2002）在产品生命周期理论的基础上，解释了跨国产业转移现象。Tan依据技术创新性把产品分为不同的档次，各种档次的产品存在对应的市场结构。高档产品由于其创新难度大，跨国公司出于技术垄断的需要，会采取母国生产然后直接出口以获取最佳收益，中间产品生产和当地组装为辅。中档产品对技术创新的要求不如高档产品，因而跨国公司采取以对外直接投资在当地生产和组装为主，直接出口为辅。低档产品已经不具有技术创新性，跨国公司通过对外直接投资，在当地生产当地销售。Tan认为市场结构较为稳定，但不同档次的产品结构将会因持续的技术创新而不断发生改变。随着新技术的快速出现，不断开发出来的新产品进入到高档产品系列中，而一部分原来具有技术优势的高、中档产品则随着技术推广而为众多企业所掌握并生产，进而下降到中、低档产品系列中去。就产业转移而言，跨国公司将高档产品的生产主要放在本国进行，辅之以中间产品出口和国外组装；对于中档产品，跨国公司通过对外直接投资，产品在投资国本地组装的同时，产业也逐步实现向国外转移；低档产品的生产则完全通过对外直接投资转移到国外进行。

（2）劳动密集型产业转移理论。

刘易斯（1954）在《劳动力无限供给条件下的经济发展》一文中提出了他的劳动力部门转移理论。刘易斯假定劳动力供给有无限弹性，但又认为劳动力无限供给假设也是需要满足一定的条件,并不是在任何情形下都普遍适用,在某些条件下劳动力供给也会出现不足。刘易斯提出,发展中国家工业化早期阶段主要存在两个部门:一是现代产业部门,该部门的特征是遵循市场规律,以市场导向和技术革新为标志。二是传统经济部门,该部门以农业部门为代表,生产率低下,劳动力供给在理论上接近无限,以自给自足和庞大落后为标志。现代产业部门的劳动者受到传统经济部门溢出劳动力的竞争威胁,只能尽可能控制自己的工资水平,导致实际工资长期维持低水平状态,难以得到持续性地提高。此时,劳动密集型产业因成本低而有利可图,大量资本投入这些产业,使这些产业得到急速扩张。随着传统经济部门剩余劳动力资源持续参与到劳动密集产业中来,经济增长得以持续,人均实际收入也明显上升。刘易斯认为,现代产业部门的扩张可以通过四种方式使传统经济部门受益:一是现代产业部门通过雇佣从传统经济部门转移出来的剩余劳动力,解决了传统经济部门就业不足的问题;二是现代产业部门与传统经济部门共同分享物质基础设施,使传统经济部门解决了物质基础设施落后的状况;三是现代产业部门的发展能够促进传统经济部门的观念和制度的现代化,使传统经济部门能够及时跟上经济快速增长的步伐;四是现代产业部门发展能够促进传统经济部门的贸易和产品的转移,缓解了传统经济部门生产过剩的困境。

刘易斯(1977)认为经济增长的动力来自技术进步,国际贸易能够加速经济增长,但不是经济增长的动力。技术进步表现为采用新技术、新材料、新工艺等,其实质是减少生产某种产品所需的生产要素或改变其构成成分,即用较少的劳动消耗来获得较多的经济收益。刘易斯从劳动力成本的角度分析了发达国家的产业转移机制问题,认为随着人口增长率的大幅下降,在20世纪60年代经济发达国家的人口增长几乎为零,工业的增长速度又很快,使这些发达国家的剩余劳动力来源枯竭,农业劳动力迅速减少,从而劳动力成本快速上升,劳动密集型产业的比较优势开始丧失。在这样的情形下,发达国家将部分劳动密集型产业转移到发展中国家,在发展中国家进行直接生产性投资以生产制成品出口,制成品成为发展中国家增长速度最迅速的出口产品。

在刘易斯理论的基础上,Pennings 和 Sleuwaegen(1999)又进一步阐述了处于工业化后期阶段发达国家的劳动密集型产业必然出现先前转移的发展趋势。Pennings 和 Sleuwaegen 通过对大量企业和国际性跨国公司进行分析,发现在工业化程度较高的发达经济体系中,劳动密集型产业较资金密集型产业率先转移到发展中国家;公司的创新速率和规模是影响劳动密集型产业转移的重要因素,大型跨国公司较小型公司更愿意选择对外投资实施产业转移,尤其经营状况良好的盈利性跨国公司更倾向选择进行国际产业转移。

2.2.3 新国际劳动分工理论

自 16 世纪起,世界经济经历了三次国际劳动分工。第一次国际劳动分工发生在欧洲殖民早期,是建立在欧洲核心国家和周边地区交流的基础上,其特点是这些国家从事农业、矿产和基本商品的生产,并和周边地区进行贸易,由新殖民地组成的经济周边地区则被作为未经加工的农产品和矿产财富的来源。第二次国际劳动分工发生在 19 世纪早期至 20 世纪中期,此时其特点是核心国家(包括新世界工业化国家)工业生产的出现。核心国家和周边地区的经济联系加深,核心国家开始发展与周边地区的贸易,包括从周边地区向核心国家出口初级商品和从核心国家向周边地区出口制造业产品。第三次国际劳动分工出现在 20 世纪 60 年代,其特点是核心国家和周边地区之间出现的国际化生产,而不是贸易。在此之前,核心国家的生产过程一直在国际化,现在更是得到了加深,针对周边国家的对外直接投资水平首次出现了增加(卢锋,2004)。

20 世纪 70 年代,有学者开始试图解释这种新劳动分工的发展,其中 Fröbel 等(1978)提出的新国际劳动分工理论引发了学界对新国际劳动分工的注意,越来越多的学者开始讨论新国际劳动分工现象。Fröbel 等分析比较了 20 世纪 60 年代以来与之前的国际劳动分工,认为在 20 世纪 60 年代之前的旧国际劳动分工体系中是极少数工业化国家从事工业生产,而其他大多数发展中国家主要从事农业生产,并为那些极少数工业化国家提供原材料。进入 20 世纪 60 年代后,发达国家的跨国公司开始将低技术劳动密集型产业通过对外直接投资的方式,从发达国家分批向发展中国家转移,发展中国家开始出现大量的跨国公司直接投资设立的生产部门,世界经济体系开始发生重大变化,从贸易转向生产,是生产的国家化。Fröbel 等认为新国际劳动分工是发达国家生产工艺的国际化,其出现的根本原因在于以下几个方面:一是技术进步消除了因距离和地理位置而产生的障碍;二是技术进步和企业组织的革新可以把单个产品复杂的生产过程分解为多个简单的步骤，使得接受教育较少的工人也能很快就学会其中某个简单的生产工艺；三是发展中国家因传统社会经济结构解体而导致存在大量低廉的劳动力。

在新国际劳动分工模式下，发展中国家对制造业的依赖需要依靠工业化国家的设备、技术和组织技术，而工业化国家在输出设备、技术和组织技术时，也将导致本国出现去工业化。工业化国家将生产过程分散到世界各地，为自己创造了生产后备力量，减轻了工资下降压力，加强了跨国公司的经济实力（Markusen和Venables，1998）。新国际劳动分工有很大的优点，产品内分工促使技术和低工资劳动力在外包生产趋势占有重要地位，发展中国家成为世界制造业生产的主要力量，跨国生产网络现在已经成为现实。在新国际劳动分工模式下，产品组成部分占据世界贸易的主体，跨国公司通过产品内分工获得巨大的收益，从而得以持续增长和发展（Helpman，1984）。

Hutchinson（2004）对新国际劳动分工进行了总结，认为新国际劳动分工的出现有几个主要原因：一是跨国公司和技术在生产的地理分配中发挥出重要作用；二是监管和政策发展在资源流动的性质和方向上发挥了重要作用；三是许多发展中国家已经大幅度改变了要素禀赋，改变了跨国公司结构化生产过程的经济格局。在新国际劳动分工模式下，跨国公司是引领新国际劳动分工的主要力量，而推动跨国公司促进新国际劳动分工格局的动力则来自于市场需求，以及对生产成本比较优势的追求和组织技术的改革，新国际劳动分工的直接表现是对外直接生产性投资和跨国生产。

新国际劳动分工使全球经济格局发生重大变化，不仅发达国家之间的分工格局存在明显的差异，而且发达国家与发展中国家之间的分工格局也存在明显的差异，以及发展中国家之间在区域分工中存在分工优势的升级转换差异。新国际劳动分工促使制造业企业走向国际化和区域一体化，因而企业、地方在新国际劳动分工中的地位和作用越来越重要。在新国际劳动分工模式下，国家、地方和企业在生产中的角色发生了显著的变化。为了获得全球和区域发展中的一席之位，国家、地方和企业必须参与新国际劳动分工的国际化竞争，国际化竞争成为新国际劳动分工的基本机制。

3 中国去工业化现状分析

3.1 去工业化的度量

3.1.1 当前学界去工业化的测度指标与方法

传统观点认为,制造业是经济体增长的动力和源泉。因此,制造业的兴衰反映了一个国家或地区的工业化程度和去工业化进程。在测量去工业化的各种模型中,学者们选取的也都是与制造业紧密相关的度量指标。

Cruz(2015)认为去工业化标志着制造业地位的下降,衡量一个国家或地区是否出现了去工业化现象,主要看制造业在产业结构中的地位是否发生了改变。制造业在一国或地区产业结构中的地位变化主要通过其产值与就业人数的变化表现出来,因此,通过两个变量来度量去工业化较为符合产业演替规律:一是制造业增加值占 GDP 的比重,二是制造业就业人数占总就业人数的比重。

Rodrik(2016)认为仅通过制造业就业人数或以当前价格计算的制造业增加值占 GDP 份额来测量去工业化都不完备,要完整地度量去工业化以及其对经济增长产生的影响,可以选择三个变量:一是制造业就业人数占社会总就业人数份额;二是对制造业增加值以当前价格计算,然后度量其占 GDP 的比重;三是对制造业增加值以不变价格计算,然后度量其占 GDP 的比重。Rodrik 认为,在这三个变量中,尤其要重点关注制造业就业人数占社会总就业人数的份额及以不变价格计算的制造业增加值占 GDP 的比重,因为以当前价格计算的制造业增加值占 GDP 比重的经济意义是不明确。Hamid 和 Khan（2015）与 Rodrik 的观点一致，也是选择这三个变量来度量去工业化。

Saeger（1997）认为制造业就业人数占总就业人数的份额是工业化的基础，度量去工业化的指标也只能是制造业就业人数占总就业人数的份额，原因在于：一是制造业就业人数占总就业人数的份额是工业化和经济增长的常用测量指标；二是就业是衡量制造业规模的最直观指标；三是去工业化以部门之间调整成本为基础，关注要素市场比产品市场更有意义。因此，Saeger 采用制造业就业人数占总就业人数的份额作为去工业化的唯一度量指标。Kollmeyer（2009）采纳了 Saeger 的做法，认为制造业就业的变化足以反映一国或地区的工业化程度，无须参考制造业产值在经济中的地位和作用的变化趋势，因此以制造业就业人数占总就业人数的比重这样一个单独的变量来度量去工业化就能够准确地观察出一国或地区是否出现了去工业化现象。

与其他研究者不同，Alderson（1999）认为工业化与去工业化是相伴随的，不能仅依据某个单独的指标来作出判断经济体是否已经完成了工业化过程，需要把相关的多个指标综合起来。因此，在度量去工业化时，Alderson 引入了人均实际 GDP、失业率和制造业出口等反映一国或地区工业化进程的指标，以制造业就业份额、人均实际 GDP、失业率和制造业净出口占 GDP 的比重等综合因素一起来度量去工业化。

总之，传统去工业化的测度指标主要包括：①制造业产值的绝对值和相对值，即制造业产值和制造业增加值占 GDP 的比重；②制造业就业的绝对值和相对值，即制造业就业人数及制造业就业人数占全部就业人数的比重；③制造业出口的绝对值和相对值，即制造业净出口和制造业出口占出口总额的份额。

在传统去工业化的测度指标中，所有的研究者均认为制造业就业份额是度量去工业化的必不可少的一个指标，其次是制造业产出。因此，在观察一个国家或地区是否出现了去工业化现象，从这两个指标的发展变化中就基本可以得出较为明确的结论。

3.1.2 本书去工业化的测度指标与方法

本书对中国去工业化现状进行测量和分析的基本思路是：在构建广义去工业化度量体系的基础上，考虑长期变化趋势，并结合最近五年中国制造业部门

3 中国去工业化现状分析

相关统计指标进行测算。经过对去工业化的深度分析，本书认为去工业化既存在总量去工业化和区域性去工业化，还存在区域性去工业化下包含不同类型的去工业化（如因环境治理与工业发展相冲突，重化工业等相关工业必须关、停、并、转等而引起出现去工业化现象等），而传统的测量指标既不能真正反映出总量去工业化与区域性去工业化之分，也无法反映出区域性去工业化下还存在不同类型去工业化的经济现象。因此，本书提出建立广义去工业化度量体系来真实、完整地测量去工业化。

本书在建立去工业化度量体系时，考虑去工业化是个较为长期的过程，以及统计指标与数据的一致性，在分析时以2005—2015年为统计阶段进行测算，对相关指标做出了相应的修订。本书去工业化的度量指标体系主要包括两类测度指标。

第一类测度指标：总量去工业化测度指标。

总量去工业化测度指标包括三个方面：一是制造业就业人口和占全国总就业人数的比重；二是制造业增加值占GDP的比重；三是制造业出口额占产品出口总额的比重。该类型指标用来判断经济体是否出现了去工业化现象，如果该类型的三个测度指标均出现持续下降，尤其最近五年出现了持续下降现象，那么就可以基本认为出现了总量去工业化现象。①

第二类测度指标：区域性去工业化测度指标。

区域性去工业化测度指标包括两个部分：一是测度各省或地区是否出现了去工业化现象的指标；二是测度出现了去工业化现象的省份或地区是属于积极去工业化，还是属于消极去工业化。

测度各省份或地区是否出现了区域性去工业化现象时，采用两个指标：一是制造业就业人数占总就业人数的比重；二是工业增加值占GDP的比重。如果最近五年这两个指标同时出现持续性下降，则基本可以判断该省份或地区出现了去工业化现象。②

---

① 采用最近五年的数据来判断是否出现了总量去工业化现象，笔者认为连续五年的统计数据已经可以反映出经济体总量较为稳定的变化趋势。

② 采用最近五年的数据来判断是否出现了区域性去工业化现象，笔者认为连续五年的统计数据已经可以反映出区域经济较为稳定的变化趋势。笔者同样认为，当劳动适龄人口在2011年达到高峰后，2012至2015年的劳动适龄人口均没有超过2011年，那么以2011—2015年的制造业就业份额相对变化，而不是以就业人数绝对变化来判断是否出现了区域性去工业化现象是有说服力的。

当某个省份或地区出现了区域性去工业化现象时，就有必要区分是属于积极去工业化现象，还是属于消极去工业化现象。本书主要采用两个指标来测度是属于积极去工业化，还是消极去工业化。这两个指标包括：一是高技术产业总产值占 GDP 的比重；二是全要素能源效率（TFEE）。本书界定，在出现了区域性去工业化现象的省份或地区，如果高技术产业总产值占 GDP 的比重大于15%，且全要素能源效率（TFEE）大于 0.8，那么此类地区发生了积极去工业化现象；反之，如果高技术产业总产值占 GDP 的比重小于 15%，且全要素能源效率（TFEE）小于 0.8，那么此类地区发生了消极去工业化现象。

高技术产业总产值占 GDP 的比例能够反映一个地区的产业结构是否符合当今世界产业发展趋势，以及该地区经济结构中的制造业是处于包含高技术水平的产业链和价值链高端层次，还是处于技术含量较低的产业链和价值链低端层次。

全要素能源效率（Total Factor Energy Efficiency，TFEE）指标最初由 Hu 和 Wang（2006）提出，他们在评价劳动力、资本、能源等投入与 GDP 产出之间的关系时，采用能源潜在目标值与实际使用值之间的比率来衡量一个地区在其经济增长过程中对能源的利用效率。全要素能源效率受产业结构、技术水平的影响，工业占比高的地区，全要素能源效率越低；技术水平高的地区往往也具有更高的全要素能源效率（蒋伟等，2015）。

3.1.3 本书去工业化数据来源

本书去工业化分析的所有数据来源于历年《中国统计年鉴》《中国工业统计年鉴》《中国高技术产业统计年鉴》《中国能源统计年鉴》和各地区统计年鉴整理获得。由于数据的可获得性，各地区的数据分析阶段为 2005—2015 年。

3.2 全要素能源效率分析

3.2.1 全要素能源效率的测度指标与方法

本书去工业化第二类测度指标中需要估算各地区的全要素能源效率。当前学界分析全要素能源效率的方法主要包括两种：一是参数分析法；二是非参数分析法。参数分析法主要包括随机前沿法和回归模型法；非参数分析法主要包括指数法和数据包络分析法（DEA）（王姗姗和屈小娥，2011）。参数分析法和非参数分析法在估计全要素能源效率时各有优劣，不同研究者往往因研究目的不同而加以区别。参数分析法需要事先设定一种具体的函数形式，带有一定的主观性，以随机前沿法应用较多。非参数分析法不需要事先设定具体的函数形式，避免了人为设定带来的主观性，估算结果更为客观，以数据包络分析法应用为主。

本书采用数据包络分析法（Data Envelopment Analysis，DEA）来估算2005—2015年中国各地区的全要素能源效率。数据包络分析法是 Charnes 等（1978）设计的一种效率评价方法。在进行具体分析时，数据包络分析法以投入产出数据为分析基础，通过估算被评价单位的最佳前沿面及生产曲面之间的距离来估算决策效率值，进而评估是否达到了最佳投入或产出比率。本书选用DEA方法估计全要素能源效率，是因为DEA方法在测算全要素能源效率时，不需要事先确立相关评价指标的权重，避免了其他估计方法存在的主观权重赋值而带来的主观性，使本书估算的全要素能源效率更具客观性。

在采用数据包络分析法估算时，需要选取产出指标与投入指标进入模型进行分析。

（1）产出指标。产出指标包括两个方面：一是好的产出指标或期望的产出指标，二是坏的产出指标或非期望产出指标。好的产出指标选取各省份和地区的GDP（亿元）；坏的产出指标选取各省份和地区的工业废气排放量。

（2）投入指标。投入指标包括：各地区的资本投入、劳动力投入和能源消费。资本投入（亿元）用各地区的资本存量表示，采用"永续盘存法"进行估算。采用单豪杰（2008）的估算方法：$K_{i,t} = K_{i,t-1}(1 - \delta_{i,t}) + I_{i,t}$。其中，K 表示资本存量；i 表示第 i 个地区；t 表示第 t 年；δ 表示资本折旧率，设定 $\delta = 5\%$；I 表示投资。在此基础上结合最新的固定资本形成额和固定资本投资价格指数数据，以1952年不变价补充测算了2005—2015年的各地区资本存量数据。劳动力（万人）投入采用各地区的年末劳动就业人数来代替。能源消费（万吨标准煤）采用各地区煤炭、石油、天然气、水电等能源的消费总量来代替。

(3) 全要素能源效率指标。Hu 和 Wang（2006）提出以能源潜在目标值与能源实际使用值之间的比率来作为衡量全要素能源效率（Total—Factor Energy Efficiency，TFEE）的指标。在分析时，能源潜在目标值根据投入与产出数据，依据 DEA 方法获取。计算公式如下：

$$TFEE_{i,t} = E1_{i,t}/E2_{i,t} \tag{3.1}$$

$$E1_{i,t} = E2_{i,t} - E3_{i,t} \tag{3.2}$$

式（3.1）和式（3.2）中，$TFEE_{i,t}$ 表示某省份或地区 i 在 t 时期的全要素能源效率；$E1_{i,t}$ 表示某省份或地区 i 在 t 时期的能源潜在目标值；$E2_{i,t}$ 表示某省份或地区 i 在 t 时期的能源实际消耗值；$E3_{i,t}$ 表示某省份或地区 i 在 t 时期的能源总松弛量。

能源潜在目标值是指现有产出水平下可能实现的最低能源消耗，因此，能源潜在目标值只会小于能源实际消耗值，全要素能源效率是处于 0～1 之间的指标。如果某省份或地区不存在能源投入浪费，则全要素能源效率值将会等于 1，表示极高的能源使用效率；如果某省份或地区能源潜在目标值远远低于能源实际消耗值，则全要素能源效率将会接近于 0，表示绝大部分能源投入被浪费了。

本书计算全要素能源效率的所有数据来源于历年《中国统计年鉴》《中国能源统计年鉴》和各地区统计年鉴，经整理获得。由于数据的可得性，在计算全要素能源效率时，把西藏排除在外，只对 30 个省份的全要素能源效率进行了估算。

3.2.2 全要素能源效率分析结果

中国各省份 2005—2015 年全要素能源效率分析结果如表 3.1 所示。从表 3.1 中可以发现，不同省份之间全要素能源效率差别较大，北京、天津、上海、江苏、广东等省份全要素能源效率较高，山西、内蒙古、贵州、新疆等省份全要素能源效率较低。

本书在分析去工业化时，如果确定了某省份或地区存在去工业化现象，还需要依据高技术产业占比和全要素能源效率来区分该省份或地区是属于积极去工业化还是消极去工业化，其中判断标准之一以全要素能源效率是否大于 0.8 为分界线。从表 3.1 中可以发现，2005—2015 年全要素能源效率一直大于 0.8

的省份包括北京、天津、上海、江苏、浙江、福建、广东和海南等，这些省份对能源利用效率较高；山西、内蒙古、贵州、甘肃、青海、新疆等省份的全要素能源效率则一直小于0.5，这些省份在经济发展过程中，超过50%以上的能源被浪费了。

表3.1 中国各省份2005—2015年全要素能源效率

年份 省份	2005	2006	2007	2008	2009	2010	2011	2012	2013	2014	2015
北京	1.000	1.000	1.000	1.000	1.000	1.000	1.000	1.000	1.000	1.000	1.000
天津	1.000	1.000	1.000	1.000	1.000	1.000	1.000	1.000	1.000	1.000	1.000
河北	0.504	0.515	0.520	0.539	0.533	0.572	0.585	0.611	0.621	0.629	0.633
山西	0.278	0.258	0.281	0.295	0.299	0.311	0.327	0.322	0.331	0.337	0.362
内蒙古	0.351	0.375	0.373	0.367	0.364	0.359	0.372	0.361	0.362	0.376	0.381
辽宁	0.733	0.731	0.737	0.746	0.758	0.762	0.777	0.812	0.827	0.893	0.860
吉林	0.557	0.563	0.631	0.613	0.617	0.653	0.661	0.711	0.677	0.689	0.679
黑龙江	0.765	0.766	0.769	0.771	0.784	0.801	0.811	0.821	0.815	0.882	0.826
上海	1.000	1.000	1.000	1.000	1.000	1.000	1.000	1.000	1.000	1.000	1.000
江苏	0.858	0.885	0.893	0.899	0.953	0.968	0.982	1.000	1.000	1.000	1.000
浙江	0.855	0.884	0.893	0.886	0.895	0.915	0.933	0.911	0.935	0.945	0.952
安徽	0.671	0.673	0.679	0.688	0.705	0.712	0.733	0.753	0.745	0.758	0.763
福建	0.863	0.865	0.873	0.859	0.868	0.861	0.875	0.901	0.899	0.926	0.937
江西	0.735	0.746	0.752	0.763	0.765	0.786	0.755	0.746	0.762	0.753	0.785
山东	0.615	0.623	0.634	0.647	0.669	0.661	0.675	0.677	0.693	0.695	0.689
河南	0.583	0.582	0.591	0.593	0.615	0.673	0.654	0.631	0.663	0.672	0.688
湖北	0.531	0.535	0.543	0.562	0.579	0.631	0.654	0.673	0.679	0.685	0.711
湖南	0.553	0.562	0.569	0.579	0.588	0.618	0.622	0.621	0.657	0.689	0.703
广东	1.000	1.000	1.000	1.000	1.000	1.000	1.000	1.000	1.000	1.000	1.000
广西	0.711	0.729	0.733	0.742	0.759	0.781	0.782	0.834	0.867	0.825	0.863
海南	1.000	1.000	1.000	1.000	1.000	1.000	1.000	1.000	1.000	1.000	1.000
重庆	0.619	0.631	0.633	0.651	0.647	0.638	0.621	0.629	0.631	0.625	0.647
四川	0.513	0.525	0.533	0.532	0.547	0.533	0.546	0.637	0.653	0.686	0.693
贵州	0.323	0.334	0.340	0.359	0.361	0.379	0.411	0.432	0.423	0.447	0.451
云南	0.479	0.488	0.486	0.493	0.504	0.513	0.524	0.581	0.572	0.577	0.583

续表

年份 省份	2005	2006	2007	2008	2009	2010	2011	2012	2013	2014	2015
陕西	0.581	0.585	0.593	0.616	0.619	0.621	0.654	0.663	0.671	0.633	0.616
甘肃	0.415	0.428	0.433	0.429	0.435	0.436	0.422	0.435	0.452	0.473	0.466
青海	0.423	0.451	0.437	0.452	0.453	0.466	0.471	0.473	0.469	0.481	0.486
宁夏	0.613	0.618	0.653	0.721	0.711	0.708	0.773	0.789	0.759	0.748	0.755
新疆	0.458	0.455	0.451	0.415	0.443	0.411	0.423	0.437	0.451	0.447	0.462

3.3 总量去工业化分析

3.3.1 全国制造业绝对变化分析

依据本书的去工业化度量指标体系，判断经济体总量上是否出现了去工业化现象，要先采用第一类度量指标来进行分析。全国 2005—2015 年制造业就业人数、制造业增加值、制造业出口额、全国就业人数、GDP 和出口总额的统计数据如表 3.2 所示。

表 3.2 中国 2005—2015 年制造业相关数据

年份	制造业就业 人数（万人）	制造业增加值 （亿元）	制造业出 口额（亿元）	全国就业 人数（万人）	GDP （亿元）	出口总额 （亿元）
2005	3210.9	60118.0	7129.2	11404.0	185998.9	62648.1
2006	3351.6	71212.9	9160.2	11713.2	219028.5	77597.2
2007	3465.4	87465.0	11562.7	12024.4	270844.0	93627.1
2008	3434.3	102539.5	13527.4	12192.5	321500.5	100394.9
2009	3491.9	110118.5	11384.8	12573.0	348498.5	82029.7
2010	3637.2	130282.5	14960.7	13051.5	411265.2	107022.8
2011	4088.3	156456.8	17978.4	14413.2	474753.2	123240.6
2012	4262.2	169806.6	19481.6	15236.4	539116.5	129359.3

续表

年份	制造业就业人数（万人）	制造业增加值（亿元）	制造业出口额（亿元）	全国就业人数（万人）	GDP（亿元）	出口总额（亿元）
2013	5257.9	181867.8	21017.3	18108.4	590422.4	137131.4
2014	5243.1	195620.0	22296.0	18277.8	644791.1	143883.7
2015	5068.7	209313.4	21695.4	18062.5	682635.1	141166.8
年均增长率	4.91%	13.45%	12.71%	4.84%	14.01%	9.31%

注：本表按当年价格计算，实施研发支出核算方法改革后，2016年《中国统计年鉴》对各年度的GDP数据进行了系统修订；全国就业人数指城镇单位就业人数。

从表3.2中可以看出，2005—2015年全国的制造业就业人数、制造业增加值、制造业出口额的长期发展上是呈逐年上升趋势。其中，制造业就业人数年均增长率为4.91%，增加值年均增长率为13.45%，出口额年均增长率为12.71%；全国就业人数年均增长率为4.84%，GDP年均增长率为14.01%，出口总额年均增长率为9.31%。

在表3.2中，制造业就业人数年均增长率高于全国就业人数年均增长率；制造业增加值年均增长率低于GDP年均增长率；制造业出口额年均增长率高于出口总额年均增长率。只依据这些数据还无法确定中国是否存在总量去工业化，还需要结合制造业就业的相对值、制造业增加值占GDP的比重、制造业出口占出口总额的比重等指标来得出结论。

3.3.2 全国制造业相对变化分析

中国2005—2015年制造业就业占总就业的比重、制造业增加值占GDP的比重、制造业出口占出口总额的比重分析如表3.3所示。

从表3.3中可以看出，制造业就业占总就业的比重平均为28.32%，年均增长率为-0.01%；制造业增加值占GDP的比重从2006年起基本呈下降趋势，平均占比为32.02%，年均增长率为-0.58%；制造业产品出口占出口总额的比重一直维持上升趋势，平均占比为13.85%，年均增长率为3.06%。

综合表3.2和表3.3，归纳起来包括：一是制造业就业人数在2005—2013年呈上升趋势，2013—2015年呈下降趋势；二是制造业就业人数占总就业人数的比重在2005—2013年有时呈上升趋势有时呈下降趋势，2013—2015年则呈下降趋势，但总体上保持28%左右；三是制造业增加值占GDP的比重总体上呈下降趋势，但下降趋势不明显，总体上维持在30.44%～32.92%之间；四是制造业出口占出口总额的比重总体呈上升趋势。

表3.3 制造业就业人数、增加值、出口额分别占总就业人数、GDP、出口总额的比重

单位:%

年份	制造业就业人数占总就业人数的比重	制造业增加值占GDP的比重	制造业出口额占出口总额的比重
2005	28.15	32.51	11.38
2006	28.61	32.92	11.80
2007	28.82	32.90	12.35
2008	28.17	32.65	13.47
2009	27.77	32.30	13.88
2010	27.86	32.45	13.98
2011	28.36	32.35	14.59
2012	27.97	31.89	15.06
2013	29.04	31.12	15.33
2014	28.68	30.44	15.49
2015	28.06	30.66	15.37
平均占比	28.32	32.02	13.85
年均增长率	－0.01	－0.58	3.06

资料来源：笔者整理。

结合第一类测度指标，出现全国性总量去工业化需要最近五年同时满足以下几个条件：一是制造业就业人数和占全国就业人数的份额呈下降趋势；二是制造业增加值占GDP的比重呈下降趋势；三是制造业产品出口额占出口总额的比重呈下降趋势。因此，从总量上看，尽管制造业增加值占GDP的比重出现下降趋势，但制造业就业人数总体上呈现上升趋势，制造业就业人数占总就业人数比重总体上保持稳定，制造业出口额占全国出口总额的比重则一直在上升。因此，我们还是认为从总量上看中国没有出现去工业化现象。

一个经济体总量不存在去工业化现象，并不表明该经济体内部就不存在局部或区域性的去工业化现象。表3.2和表3.3虽然表明中国不存在总量去工业

化现象，但中国经济总量巨大，各地区经济发展极为不平衡，有可能在某些省份或地区存在区域性的去工业化现象，需要作出进一步的分析。

3.4 区域性去工业化分析

3.4.1 区域性去工业化的度量

结合总量去工业化的判断指标，本书设定了两个指标来判断是否存在区域性去工业化现象：一是制造业就业人口占总就业人数的比重；二是工业增加值占地区 GDP 的比重。

采用制造业就业人数占总就业人数比重进行判断，主要原因在于当整个社会就业不景气时，制造业就业也会出现下降，此时用制造业就业人数占社会总就业人数的比重能较好地说明制造业就业的变化。依据国家统计局的统计结果，2011 年是中国适龄劳动力人口的一个高点，2011 年以后适龄劳动力人口开始出现下降，2012 年减少了 345 万人，2013 年减少了 244 万人，2014 年减少了 371 万人，2015 年减少了 487 万人（国家统计局）。因此，如果不考虑适龄劳动力人口的变化，而纯粹从制造业就业净人口数进行考察，可能会得出错误的评价。而采用就业份额进行评价，则可以避免这种误判。

采用工业增加值占地区 GDP 比重进行判断，主要原因在于两个方面：一是有的省份没有单独统计制造业增加值，如果以制造业增加值占 GDP 的比重来进行分析，将会导致相关省份的数据出现缺失；二是各省的工业占比中主要为制造业，采用工业增加值来度量去工业化，完全能够解释是否存在去工业化现象。

在度量区域去工业化时，如果某地区的制造业就业人数占总就业人数的比重和工业增加值占地区 GDP 的比重在最近五年同时出现持续性下降，那么我们可以判断该地区存在区域性去工业化现象。中国各省份 2005—2015 年制造业就业人数如表 3.4 所示，制造业就业人数占总就业人数的比重如表 3.5 所示，工业增加值占地区 GDP 的比重如表 3.6 所示。

表 3.4 中国各省份 2005—2015 年制造业就业人数　　　单位：万人

年份省份	2005	2006	2007	2008	2009	2010	2011	2012	2013	2014	2015
北京	102.4	99.7	102.5	96.3	99.5	100.6	107.8	108.0	103.5	100.0	92.2
天津	77.7	78.5	77.7	72.7	72.9	75.3	112.7	120.2	122.3	119.0	110.8
河北	120.3	121.4	122.2	116.4	117.0	119.7	130.6	145.4	150.3	147.7	140.9
山西	72.2	73.0	75.8	70.3	69.8	71.7	70.2	70.3	73.1	69.1	65.4
内蒙古	44.0	42.4	41.8	39.3	37.8	37.2	40.0	42.7	47.5	46.3	46.7
辽宁	150.4	147.3	145.7	147.0	146.0	144.8	167.6	168.3	179.5	166.9	150.6
吉林	60.4	59.7	58.0	57.7	59.0	60.8	64.9	64.8	88.4	86.7	84.2
黑龙江	102.5	99.4	98.7	84.4	78.6	66.8	65.7	63.3	65.0	61.3	57.4
上海	118.7	117.7	142.1	143.0	140.7	141.3	186.2	218.7	211.8	206.1	192.9
江苏	251.6	290.8	310.3	307.4	308.2	335.5	353.7	359.7	555.4	612.3	595.2
浙江	203.4	245.5	284.7	319.2	333.1	351.7	376.7	372.5	357.9	350.6	330.6
安徽	68.3	69.0	70.3	67.3	70.6	76.3	85.5	90.9	120.4	122.6	120.9
福建	200.2	217.7	227.7	223.8	226.4	241.2	283.0	292.4	252.6	245.3	235.5
江西	64.0	68.0	70.3	70.2	68.0	71.6	87.8	102.0	125.8	133.5	138.2
山东	336.7	345.1	346.3	340.1	337.2	346.4	372.5	395.0	437.2	425.8	417.5
河南	155.2	159.1	157.7	153.6	154.8	158.8	193.6	218.3	312.7	337.1	352.9
湖北	146.0	152.2	115.4	112.5	118.5	138.5	168.2	160.6	190.9	193.3	189.4
湖南	81.1	81.6	87.0	91.1	98.7	106.2	129.1	128.2	134.2	130.7	121.8
广东	360.0	391.1	423.0	416.5	443.5	476.7	519.7	540.9	1020.1	1015.2	981.0
广西	56.7	56.6	57.6	58.4	59.2	62.5	67.8	71.9	80.8	78.2	76.2
海南	7.2	6.9	7.4	7.3	7.5	8.0	8.4	9.5	10.6	9.7	8.8
重庆	54.1	53.1	55.4	56.0	57.4	62.5	79.6	82.3	86.4	89.3	90.2
四川	117.8	118.7	120.4	123.9	123.1	124.2	141.6	144.5	204.6	175.4	159.7
贵州	41.7	41.1	42.5	37.6	37.3	36.9	39.9	47.6	46.4	44.1	42.5
云南	44.5	46.2	56.1	56.6	60.8	58.8	63.2	70.5	74.0	72.1	67.5
西藏	0.8	0.9	0.8	0.8	0.8	0.8	0.7	0.7	1.1	1.1	1.2
陕西	86.2	84.3	85.4	85.1	82.2	81.0	85.1	86.2	107.9	106.1	104.4
甘肃	44.2	43.2	39.8	36.9	38.6	35.3	33.9	33.8	39.2	37.5	35.6
青海	6.7	6.7	7.1	8.0	8.7	9.8	12.1	11.7	11.8	11.3	10.9
宁夏	11.3	11.0	11.2	10.7	10.5	10.6	10.8	10.8	12.6	12.9	12.8
新疆	24.7	23.7	25.0	25.0	25.4	26.0	30.1	30.6	33.7	36.0	34.8

资料来源：笔者整理。

表3.5 中国各省份2005—2015年制造业就业人数占
总就业人数的比重　　　　　单位:%

年份 省份	2005	2006	2007	2008	2009	2010	2011	2012	2013	2014	2015
北京	20.3	19.4	18.8	16.9	16.1	15.6	15.7	15.1	13.9	13.2	11.9
天津	40.0	40.3	38.8	36.2	36.2	36.6	42.0	41.6	40.4	40.3	37.6
河北	24.3	24.2	24.5	23.2	23.3	23.0	23.5	23.5	23.0	22.5	21.9
山西	20.0	20.0	20.2	18.7	18.1	18.2	17.1	16.1	15.8	15.3	14.9
内蒙古	18.1	17.5	17.0	16.1	15.4	14.9	15.2	15.8	15.6	15.4	15.7
辽宁	30.3	29.6	29.4	28.8	28.7	28.0	28.9	28.1	26.1	25.1	24.4
吉林	23.1	22.5	22.1	21.8	22.2	22.7	23.4	22.7	26.1	25.9	25.9
黑龙江	20.9	20.0	19.6	17.8	16.8	14.5	14.1	13.4	13.9	13.6	13.2
上海	35.6	35.4	38.7	37.9	36.5	36.0	39.6	39.4	34.2	31.8	30.3
江苏	40.0	42.8	44.2	43.4	42.7	43.9	43.6	43.3	37.0	38.2	38.4
浙江	38.3	40.2	42.7	43.1	40.9	39.8	37.8	34.8	33.4	31.8	30.5
安徽	20.4	20.4	20.5	19.6	19.6	20.4	20.8	20.8	23.5	23.5	23.5
福建	50.0	50.9	50.5	48.8	47.8	47.6	47.5	45.8	39.2	37.5	35.5
江西	23.2	24.1	24.5	24.3	23.5	24.1	25.5	26.4	28.3	28.7	28.8
山东	37.8	38.5	38.3	37.7	36.6	36.2	35.4	35.6	33.9	33.6	33.8
河南	22.2	22.4	21.8	21.5	21.1	21.5	23.1	24.8	29.1	30.4	31.4
湖北	28.5	29.3	24.7	23.9	24.3	27.1	28.7	26.9	27.4	27.4	26.6
湖南	20.0	19.6	20.0	20.0	20.5	21.0	23.4	22.6	22.3	21.9	21.0
广东	39.8	41.0	42.2	41.3	42.0	42.6	41.9	41.5	51.9	51.5	50.4
广西	20.0	20.0	20.0	19.9	19.6	19.7	19.9	20.1	20.1	19.5	18.8
海南	9.6	9.1	9.6	9.5	9.5	9.8	9.9	10.6	10.7	9.6	8.8
重庆	25.1	24.2	24.1	23.2	23.1	23.5	23.6	23.3	21.5	21.6	21.7
四川	23.0	22.8	22.3	22.5	21.8	21.8	23.1	22.6	24.2	21.7	20.1
贵州	19.8	19.5	19.6	17.8	17.1	16.5	16.6	17.7	15.6	14.5	13.8
云南	18.0	17.8	18.9	18.7	19.5	18.2	18.0	18.1	17.3	17.2	16.3
西藏	4.4	4.8	4.1	3.9	3.8	3.6	3.0	2.8	3.6	3.4	3.6
陕西	25.8	25.2	25.0	24.7	23.3	22.2	21.6	21.0	21.4	20.5	20.4
甘肃	22.8	22.2	20.4	19.2	20.0	18.5	17.0	16.0	15.3	14.2	13.6
青海	15.7	15.5	15.6	17.0	17.2	18.6	20.0	19.0	18.4	17.9	17.4
宁夏	18.9	18.8	19.2	18.7	18.1	17.9	17.8	16.0	17.5	17.6	17.5
新疆	10.1	9.7	10.1	10.1	10.2	10.2	10.8	10.6	10.9	11.4	11.0

资料来源:笔者整理。

表 3.6　中国各省份 2005—2015 年工业增加值占 GDP 的比重　　单位:%

年份 省份	2005	2006	2007	2008	2009	2010	2011	2012	2013	2014	2015
北京	24.5	22.4	21.2	19.2	19.0	19.6	18.8	18.4	18.0	17.6	16.1
天津	50.1	50.7	50.7	50.9	48.2	47.8	48.0	47.5	46.3	45.0	42.2
河北	46.9	47.8	47.9	49.3	46.3	46.9	48.0	47.1	46.6	45.3	42.4
山西	50.1	50.9	52.5	52.9	47.9	50.6	53.0	49.7	47.3	43.2	34.2
内蒙古	31.8	35.9	39.5	44.7	46.3	48.2	50.1	49.8	47.2	45.0	43.4
辽宁	42.3	43.2	43.8	46.5	45.5	47.6	48.1	46.7	45.2	44.2	39.3
吉林	37.7	38.8	41.1	41.8	42.0	45.3	46.5	46.8	46.5	46.4	43.5
黑龙江	39.1	41.3	40.2	47.2	39.7	44.0	44.7	41.3	35.4	31.5	26.9
上海	43.7	43.3	41.3	39.6	36.0	38.0	37.6	35.2	32.7	31.2	28.5
江苏	50.8	51.0	50.4	49.3	47.4	46.5	45.4	44.2	42.7	41.4	39.9
浙江	47.3	48.3	48.5	48.1	45.3	45.0	44.4	42.9	41.9	41.7	40.2
安徽	34.3	36.7	38.2	39.6	40.4	43.8	46.2	46.6	46.2	45.4	42.1
福建	43.3	43.7	43.4	42.4	41.7	43.4	43.7	43.4	43.2	43.2	41.7
江西	35.9	39.5	41.6	41.7	41.8	45.4	46.2	45.0	44.3	43.6	41.4
山东	51.3	52.0	51.5	51.4	49.8	48.2	46.9	45.6	43.9	42.6	41.1
河南	46.3	48.8	50.0	51.8	50.8	51.8	51.8	50.7	49.6	45.5	42.8
湖北	37.6	38.5	38.4	38.8	40.0	42.1	43.5	43.8	40.9	40.2	39.0
湖南	33.3	35.2	36.0	37.3	36.7	39.3	41.3	41.2	40.6	39.8	37.9
广东	46.5	47.1	47.0	47.0	45.5	46.2	45.7	44.2	43.0	43.0	41.6
广西	31.7	33.5	35.9	37.4	36.9	40.3	41.4	40.5	38.8	38.7	37.9
海南	19.3	22.4	22.2	20.6	17.6	17.5	18.8	18.3	14.9	14.7	13.1
重庆	37.3	40.1	38.9	36.9	36.9	36.2	36.1	36.6	36.2	36.2	35.4
四川	34.2	36.2	37.1	39.3	40.1	43.2	45.1	44.2	43.7	41.5	36.7
贵州	29.2	31.9	30.8	34.9	32.0	33.0	32.2	32.4	33.2	33.9	31.6
云南	28.8	31.9	32.7	36.1	34.5	36.1	36.6	33.5	32.1	30.4	28.3
西藏	6.1	6.5	6.8	7.5	7.4	7.8	8.1	7.8	7.6	7.2	6.8
陕西	42.0	44.1	44.2	44.8	42.8	45.0	46.8	47.3	46.3	45.2	40.8
甘肃	35.5	38.1	39.3	37.5	36.2	37.5	36.9	35.4	34.1	33.1	26.2
青海	37.5	40.9	43.2	46.0	43.5	45.4	48.6	47.3	43.0	41.4	37.0
宁夏	34.8	36.4	40.5	40.7	39.7	38.1	38.9	37.5	36.7	33.4	33.7
新疆	34.1	38.1	39.6	42.8	36.9	38.8	42.1	38.9	34.0	34.3	29.4

资料来源:笔者整理。

从表 3.4 各省份制造业就业人数变化中可以看出，从 2013 年起，北京、天津、河北、山西、内蒙古、辽宁、吉林、黑龙江、上海、浙江、福建、山东、湖南、广东、广西、海南、四川、贵州、云南、陕西、甘肃、青海的制造业就业人数连续三年出现持续下降。其中，北京、上海、福建、贵州的制造业就业人数在 2012—2015 年连续四年出现持续下降，浙江的制造业就业人数更是在 2011—2015 年连续五年出现持续下降。

从表 3.5 各省份制造业就业人数占总就业人数的比重中可以看出，除江苏、安徽、江西、山东、河南、重庆、西藏、宁夏、新疆等省份外，其他地区均连续三年以上制造业就业人数占总就业人数的比重出现持续下降。其中，以 2005 年为初始值，2015 年为终值计算，共有北京、天津、河北、山西、内蒙古、辽宁、黑龙江、上海、江苏、浙江、福建、山东、湖北、广西、海南、重庆、四川、贵州、云南、西藏、陕西、甘肃、宁夏等省份 2005 年制造业就业比重大于 2015 年制造业就业比重，而同期全国就业人数一直呈上升趋势。

从表 3.6 各省份工业增加值占 GDP 的比重中可以看出，中国各省份下降明显，多个省份出现持续下降，至 2015 年北京工业增加值占 GDP 比重为 16.1%，上海为 28.5%，已经与发达国家处于同一比例范围。其中，2005—2015 年北京工业增加值占 GDP 的比重总体保持下降；2006—2015 年连续十年工业增加值占 GDP 的比重出现下降的地区包括山东；2007—2015 年连续九年工业增加值占 GDP 的比重出现下降的地区包括江苏、浙江；2010—2015 年连续六年工业增加值占 GDP 的比重出现下降的地区包括北京、上海、广东、甘肃；2011—2015 年连续五年工业增加值占 GDP 的比重出现下降的地区包括天津、河北、山西、内蒙古、辽宁、黑龙江、福建、江西、河南、湖南、广西、海南、四川、云南、西藏、青海、宁夏；2012—2015 年连续四年工业增加值占 GDP 的比重出现下降的地区包括吉林、安徽、湖北、重庆。

同时，以 2005 年为初始值，2015 年为终值计算，共有北京、天津、河北、山西、辽宁、黑龙江、上海、江苏、浙江、福建、山东、河南、广东、海南、重庆、云南、陕西、甘肃、青海、宁夏等省份 2005 年制造业增加值占 GDP 比重大于 2015 年制造业增加值占 GDP 比重。

综合表 3.4、表 3.5 和表 3.6，以最近五年某地区的制造业就业人数占总就业人数的比重（%）、工业增加值占 GDP 的比重（%）同时出现持续性下降来判断该地区是否出现了去工业化现象，我们可以发现，共有北京、天津、河北、山西、辽宁、上海、浙江、福建、湖南、甘肃、青海等省份出现了区域性去工业化现象，统计结果如表3.7所示。

表3.7 区域性去工业化的地区统计数据　　　　　　　单位：%

	制造业就业比重					工业增加值比重				
	2011年	2012年	2013年	2014年	2015年	2011年	2012年	2013年	2014年	2015年
北京	15.7	15.1	13.9	13.2	11.9	18.8	18.4	18.0	17.6	16.1
天津	42.0	41.6	40.4	40.3	37.6	48.0	47.5	46.3	45.0	42.2
河北	23.5	23.5	23.0	22.5	21.9	48.0	47.1	46.6	45.3	42.4
山西	17.1	16.1	15.8	15.3	14.9	53.0	49.7	47.3	43.2	34.2
辽宁	28.9	28.1	26.1	25.1	24.4	48.1	46.7	45.2	44.2	39.3
上海	39.6	39.4	34.2	31.8	30.3	37.6	35.2	32.7	31.2	28.5
浙江	37.8	34.8	33.4	31.8	30.5	44.4	42.9	41.9	41.7	40.2
福建	47.5	45.8	39.2	37.5	35.5	43.3	43.4	43.3	43.2	41.7
湖南	23.4	22.2	22.3	21.9	21.0	41.3	41.2	40.6	39.8	37.9
甘肃	17.0	16.0	15.3	14.2	13.6	36.9	35.4	34.1	33.1	26.2
青海	20.0	19.0	18.4	17.9	17.4	48.6	47.3	43.0	41.4	37.0

资料来源：笔者整理。

分析表3.7中出现的区域性去工业化现象的地区，可以发现几个方面的特点。一是在制造业就业人数占社会总就业人数比重中，2011年福建省制造业就业比重最大，占社会总就业比重为47.5%，北京市制造业就业人数占比最小，占社会总就业人数比重为15.7%；2015年天津市制造业就业人数比重最大，占社会总就业人数比重为37.6%，北京市制造业就业人数占比最小，占社会总就业人数比重为11.9%。二是各地区工业增加值占GDP的比重中，2011年山西省工业增加值占GDP比重最大，为53.0%，北京市工业增加值占GDP比重最小，为18.8%；2015年河北省工业增加值占GDP比重最大，为42.4%，北京市工业增加值占GDP比重最小，为16.1%。三是在出现区域性去工业化的地区中，既有经济发达的地区如北京、上海、福建等，也有经济相对欠发达的地区如青海、甘肃等。

3.4.2 区域性去工业化分类

为进一步理解去工业化现象,我们需要对符合去工业化第二类度量指标的地区进行深度分析,以更加清楚地认识区域性去工业化现象的不同内涵与发生机制。依据区域性去工业化的发生机理及其对当地经济发展的影响,我们可以把其进一步划分为积极(主动)型去工业化和消极(被动)型去工业化。

在判断区域性去工业化类型时,有些省份或地区属于因环境治理而需要关、停、并、转相关重化工业等环境污染行业,或因生态保护而无法承载传统工业发展,进而出现工业没有得到充分发展就出现去工业化现象。如果这类因环境治理或生态保护而出现的去工业化现象从指标上符合消极去工业化类型,本书也把这类去工业化现象归属于消极去工业化。

从发达国家的经验看,工业化、后工业化、去工业化、再工业化是经济正常发展的过程。去工业化是在进入后工业化社会后出现的,是生产力高度发达的结果,是经济增长的内生过程和必然结果。在去工业化的过程中,整个社会伴随经济结构的优化和社会资源的重新配置。然而,由于各种内外因素,当今不但发达国家出现了去工业化,发展中国家也在出现去工业化现象。同时,在一些发展中国家,虽然这些国家总量上还没有出现去工业化现象,但存在局部地区出现了去工业化现象,其中包括发达地区积极主动的结构性去工业化和欠发达地区消极被动的早熟去工业化。

积极(主动)型去工业化是在经济高度发达和实现了充分就业的经济中持续增长的必然结果,是经济成功的表现,是结构性去工业化。某个地区出现积极(主动)型去工业化,在于该地区制造业劳动生产率增长很快,产量快速增加,供给及时得到补充,导致制造业部门的产品平均价格下降。随着制造业快速发展,人们收入也得到大幅提高,进而引起消费模式发生巨大改变,从对制造业产品的追求转向对服务业产品的消费,因而刺激服务业出现快速、持续地增长,从而可以充分吸纳从制造业分离出来的劳动力。因此,由于现代服务业得到充分发展,整个社会就业率不但不会降低,反而能够得到提高。同时,随着传统制造业的转移,这些地区加大了高新技术产业和现代制造业的发展步伐,足以弥补制造业的不足,进而较好地实现了产业结构升级,所以也称之为结构性去工业化。

消极（被动）型去工业化是经济衰退的产物，是在该地区的制造业还没有得到充分发展，生产率和技术含量远没有达到高于社会其他经济部门的情况下就发生制造业产出和就业出现持续下降趋势，是工业化阶段还没有完成就出现的一种负面现象。一个地区出现消极（被动）型去工业化现象，往往伴随加速工业化和去工业化共存，即在加速工业化的进程中出现了去工业化现象，是在该地区还没有完成工业化的情况下出现了去工业化，属于过早地去工业化。当某个地区出现消极去工业化时，往往该地区还没有进入后工业化阶段，现代服务业还没有得到较为充分地发展，无法充分吸纳从制造业流出的劳动力，导致社会就业率下降。同时，由于缺乏技术优势，高新技术产业和现代制造业还处于起步阶段，无法弥补传统制造业退出而留下的缺口，也无法实现产业结构升级，所以是一种过早地去工业化。

本书依据国外经验和国内学者的研究，把去工业化划分为积极（主动）型去工业化和消极（被动）型去工业化。然而，由于中国各地经济发展不均衡，甚至一个省份内不同地区的经济发展也会出现较大差异。因此，可能出现这样一种情形，即一个省份内某些地区是积极去工业化，而另外一些地区则是消极去工业化，还有一些地区还没有出现去工业化现象。这样，一个省份出现哪种类型的去工业化，或没有出现去工业化现象，取决于省内各个地区的经济均衡度与相对发展优势。因此，在积极（主动）型去工业化和消极（被动）型去工业化之外，可能还存在这样一种去工业化类型，即该地区已经出现了去工业化现象，高技术产业和现代服务业在快速发展中，但还无法充分吸纳传统制造业分流的劳动力，同时在现代经济发展的过程中，能源浪费还较高。

依据区域性去工业化的判断指标，本书基本认定表 3.7 中的这些地区出现了区域性去工业化现象。根据本书的评价体系，我们还需要依据第二类的指标来判断这些地区属于哪一种类型的去工业化现象。

第二类的评价指标包括：一是高新技术产业总产值占 GDP 的比重；二是全要素能源效率（TFEE）。结合发达国家的经验，本书界定：当一个地区的高新技术产业总产值占 GDP 的比重大于 15%，并且全要素能源效率（TFEE）保持在 80% 以上时，我们认为该地区出现了积极去工业化；反之，如果高新技术产业总产值占 GDP 的比重小于 15%，并且全要素能源效率（TFEE）保持在 80% 以下时，我们认为该地区出现了消极去工业化。区域性去工业化地区高技

3 中国去工业化现状分析

术产业占比和全要素能源效率分析如表3.8所示。

表3.8 区域性去工业化地区高技术产业占比和全要素能源效率分析

	高技术产业占比（%）					全要素能源效率				
	2011年	2012年	2013年	2014年	2015年	2011年	2012年	2013年	2014年	2015年
北京	17.83	21.50	21.67	22.21	22.61	1.000	1.000	1.000	1.000	1.000
天津	23.63	24.81	20.78	21.97	23.38	1.000	1.000	1.000	1.000	1.000
河北	3.97	4.59	4.52	4.94	5.45	0.585	0.611	0.621	0.629	0.633
山西	2.83	4.63	5.59	6.23	6.77	0.327	0.322	0.331	0.337	0.362
辽宁	7.65	8.41	8.66	8.21	6.33	0.777	0.812	0.827	0.893	0.860
上海	37.25	32.99	31.27	29.94	28.71	1.000	1.000	1.000	1.000	1.000
浙江	11.66	7.78	7.93	10.66	11.45	0.933	0.911	0.935	0.945	0.952
福建	17.28	16.79	16.21	15.08	15.25	0.875	0.900	0.899	0.926	0.937
湖南	14.71	15.01	16.20	19.04	21.21	0.622	0.621	0.657	0.689	0.703
云南	1.87	2.31	2.41	2.44	2.57	0.824	0.881	0.872	0.877	0.883
甘肃	2.25	2.24	2.22	2.37	2.63	0.422	0.435	0.452	0.473	0.466
青海	1.53	1.55	1.56	1.96	2.36	0.471	0.473	0.469	0.481	0.486

资料来源：笔者整理。

从表3.8中可以看出，在2011—2015年，高新技术产业总产值占GDP的比重大于15%的地区和全要素能源效率大于80%的省份包括北京、天津、上海、福建等。依据本书设定的区域性去工业化第二类评价指标，北京、天津、上海、福建等出现了积极去工业化现象。这些地区的高新技术产业总产值占GDP比重都比较高，产业结构是以有高新技术含量的新兴产业为主，与发达国家的产业结构水平属于同一层次。从全要素能源效率估算值中可以发现，这些地区能源投入的使用率较高，最高的地区如北京、天津、上海在2011—2015年均达到了100%的绝对值，最低的地区福建省在2011—2015年也超过了80%。积极去工业化地区的高新技术产业占比较大，全要素能源效率也较高，表明高新技术产业在经济结构中占比越大，全要素能源效率也会越高。

从表3.8中可以看出，河北、山西、甘肃、青海等省份出现了消极型去工

·61·

业化现象。这些地区的高新技术产业总产值占 GDP 的比重均低于 15%，全要素能源效率也普遍低于 80%，说明这些地区的高新技术产业没有得到充足发展，产业结构还是以传统产业为主，且在工业增长中能源投入的浪费也比较大，有的省份（如山西、甘肃）能源浪费高达 50% 以上。消极去工业化地区的高新技术产业占比较小，全要素能源效率也较低，表明高新技术产业在经济结构中占比越小，全要素能源效率也会越低。

河北、山西、甘肃、青海等省份出现去工业化现象，表面上是因环境治理、生态保护与工业发展存在冲突而出现的，但本质上还是高新技术产业发展不足，能源浪费严重而引起的。河北、山西需要去重化工行业，随着重化工行业比重的下降而出现去工业化现象；甘肃、青海则是不能承受传统工业的发展，需要降低传统工业比重而出现去工业化现象。尽管这些省份属于因环境治理、生态保护与发展工业不相容而出现去工业化现象，但它们还是存在高新技术产业总产值占比过低与能源浪费严重的共同特征，是外力干预下出现的去工业化现象。因此，本书认为这些地区符合消极去工业化的判断。

一个地区高新技术产业总产值占 GDP 的比重反映了该地区在经济增长的过程中，是以位于生产链和价值链高端的产业为主要推动力量，还是以位于生产链和价值链低端的产业为主要推动力量。高新技术产业在发展的过程中，一般伴随大量有自主知识产权的创新专利与成果，因此，高新技术产业占比的变化能够反映一个地区创新能力的高低。同时，高新技术产业区别于传统产业的主要特征在于高新技术产业具有绿色、环保、节能等特征，对投入的能源能够充分利用，因而全要素能源效率远远高于传统产业。书中在第二类的判断指标中，采用高新技术产业和全要素能源效率作为区分积极去工业化和消极去工业化的测度指标，起到了相互验证的作用。

3.4.3　区域性去工业化经济增长差异分析

（1）地区 GDP 及同比增幅比较。

地区 GDP 和人均 GDP 是反映去工业化的重要指标，从发达国家的经验看，去工业化的一个重要标志是地区 GDP 和人均 GDP 均达到了较高的标准。为更好地理解积极去工业化地区与消极去工业化地区在去工业化过程中的差异，我们首先考察了这两类地区 2011—2015 年地区 GDP 及相关年份的同比增幅。积极去工业化地区北京、天津、上海、福建等省份的 GDP 及相关年份同比增幅如表3.9所示。

表 3.9 积极去工业化地区 GDP 及相关年份增幅   单位：亿元；%

	2011年	2012年	2013年	2014年	2015年	A	B	C	D
北京	16251	17879	19800	21330	23014	10.01	10.75	7.73	7.89
天津	11307	12893	14442	15726	16538	14.03	12.01	8.90	5.16
上海	19195	20181	21818	23567	25123	5.14	8.11	8.02	6.60
福建	17560	19701	21868	24055	25980	12.20	11.00	10.00	8.00

注：A 表示2012年 GDP 同比增幅；B 表示2013年 GDP 同比增幅；C 表示2014年 GDP 同比增幅；D 表示2015年 GDP 同比增幅。

从表 3.9 中可以看出，积极去工业化地区 2011—2015 年 GDP 及同比增幅均较高，一直保持较高的增长速度，且不同地区之间变化比率的差异不大。其中，北京的同比增幅为 7.73% ~ 10.75%，天津的同比增幅为 5.16% ~ 14.03%，上海的同比增幅为 5.14% ~ 8.11%，福建的同比增幅为 8.00% ~ 12.20%。从积极去工业化地区的 GDP 同比增幅变化趋势看，总体上这些地区的 GDP 同比增幅在下降，以 2015 年为例，除北京外，各地区 2015 年的同比增幅均要低于 2014 年的同比增幅，其中天津的变化幅度要远大于其他地区。

消极去工业化地区选择 2011—2015 年高技术产业增加值比重低于 15%，且全要素能源效率低于 80% 的地区进行分析，同时符合这两个指标的地区包括河北、山西、甘肃和青海。消极去工业化地区 GDP 及相关年份同比增幅如表 3.10 所示。

表 3.10 消极去工业化地区 GDP 及相关年份增幅   单位：亿元；%

	2011年	2012年	2013年	2014年	2015年	A	B	C	D
河北	24515	26575	28442	29421	29806	8.40	7.03	3.44	1.31
山西	11237	12112	12665	12761	12766	7.79	4.56	0.76	0.04
甘肃	5020	5650	6330	6836	6790	12.55	12.04	7.99	-0.68
青海	1670	1893	2122	2303	2417	13.36	12.07	8.54	4.94

注：A 表示2012年 GDP 同比增幅；B 表示2013年 GDP 同比增幅；C 表示2014年 GDP 同比增幅；D 表示2015年 GDP 同比增幅。

从表3.10中可以看出，消极去工业化地区2011—2015年GDP及同比增幅变化较大，不同地区之间的差异明显。其中，河北的同比增幅为1.31%~8.40%，山西的同比增幅为0.04%~7.79%，甘肃的同比增幅为-0.68%~12.55%，青海的同比增幅为4.94%~13.36%。

从消极去工业化地区2011—2015年GDP及同比增幅可以发现，去工业化对这些地区GDP增幅影响较大，尤其2015年的GDP同比增幅出现了较大的变化，消极去工业化地区的GDP同比增幅均出现了大幅度的降低。除青海外，其他地区2015年的GDP同比增幅均低于2%，山西更是2014和2015年连续两年的同比增幅不到1%，尤其甘肃在2014年GDP同比增幅处于7.99%的较高增速，到了2015年则变为-0.68%，出现了下降趋势。

综合表3.9和表3.10可以发现，去工业化对经济增长产生了重大冲击，无论积极去工业化地区还是消极去工业化地区，地区GDP的同比增幅均受到了不同程度的影响。从长期趋势分析，一个地区出现了去工业化现象，该地区GDP的同比增幅会出现下降趋势。积极去工业化地区由于高技术产业和现代服务业发展较快，替代了传统产业对经济增长的推动作用，经济增长受到的影响较小，地区GDP同比增幅下降更小。而消极去工业化地区由于高技术产业和现代服务业还没有得到有效发展，传统产业在经济结构中的地位和作用又出现了下降，经济增长受到的影响更大，地区GDP同比增幅下降更大。

（2）人均GDP及同比增幅比较。

为进一步分析积极去工业化与消极去工业化地区经济增长的差异，还需分析去工业化现象下这两类地区人均GDP的变化情况。积极去工业化地区的人均GDP及相关年份同比增幅如表3.11所示，消极去工业化地区的人均GDP及相关年份同比增幅如表3.12所示。

从表3.11中可以发现，积极去工业化地区的人均GDP均较高，以2015年为例，人均GDP最低的省份是福建省，为67966元。同时，这些地区人均GDP的同比增幅也一直较高，北京、上海、福建近几年的同比增幅保持在5%以上。

从表3.12中可以发现，消极去工业化地区的人均GDP则远低于积极去工业化地区。在2015年消极去工业化地区人均GDP最高的地区是青海，也仅为41252元，远低于积极去工业化地区人均GDP最低的省份福建。同时，消极去

表 3.11 积极去工业化地区的人均 GDP 及相关年份增幅　　单位：元;%

	2011 年	2012 年	2013 年	2014 年	2015 年	A	B	C	D
北京	81658	87474	94648	99995	106497	7.12	8.20	5.65	6.50
天津	85213	93172	100105	105231	107960	9.34	7.44	5.12	2.59
上海	82560	85373	90993	97370	103796	3.41	6.58	7.01	6.60
福建	47377	52763	58145	63472	67966	11.37	10.20	9.16	7.08

注：A 表示 2012 年 GDP 同比增幅；B 表示 2013 年 GDP 同比增幅；C 表示 2014 年 GDP 同比增幅；D 表示 2015 年 GDP 同比增幅。

表 3.12 消极去工业化地区的人均 GDP 及相关年份增幅　　单位：元;%

	2011 年	2012 年	2013 年	2014 年	2015 年	A	B	C	D
河北	33969	36584	38909	39984	40255	7.70	6.36	2.77	0.68
山西	31357	33628	34984	35070	34919	7.24	4.03	0.25	-0.43
甘肃	19595	21977	24539	26433	26165	12.16	11.66	7.72	-1.01
青海	29522	33181	36875	39671	41252	12.39	11.13	7.58	3.99

注：A 表示 2012 年 GDP 同比增幅；B 表示 2013 年 GDP 同比增幅；C 表示 2014 年 GDP 同比增幅；D 表示 2015 年 GDP 同比增幅。

工业化地区人均 GDP 的同比增幅变化较大，尤其 2015 年更是出现了山西和甘肃两省的同比增幅为负值的现象。

综合表 3.11 和表 3.12 我们可以发现，消极去工业化地区人均 GDP 在 2012 年和 2013 年的同比增幅总体上远大于积极去工业化地区，但 2014 年和 2015 年的同比增幅总体上远小于积极去工业化地区。同样，综合表 3.9 和表 3.10，我们也可以发现这个规律，消极去工业化地区 GDP 在 2012 年和 2013 年的同比增幅总体上远大于积极去工业化地区，但 2014 年和 2015 年的同比增幅总体上远小于积极去工业化地区。这进一步表明，去工业化现象对这两类地区经济增长产生的影响出现了较大差异。虽然积极去工业化地区增长速度下降，但由于高技术产业发展较快，能及时填补传统制造业在国民经济中的地位，因而整个经济受到的影响不大。与此相反，由于消极去工业化地区高技术产业发展没有及时跟上去工业化的步伐，导致高技术产业还不能及时填补传统制造业在国民经济中的地位，因而消极去工业化地区整个经济增长受到的影响更大。

(3) 对外直接投资及同比增幅比较。

中国区域性去工业化现象中,既有积极去工业化,也有消极去工业化。积极去工业化能够较好地实现产业结构升级,是一种结构性去工业化现象;消极去工业化还没有完成产业结构升级,是在传统制造业还没有得到充分发展就出现削弱的早熟去工业化现象。我们认为,中国这种既包括积极去工业化,也包括消极去工业化的现象,是一种不同于发达国家的传统制造业得到了充分发展的结构性去工业化现象,也不同于其他发展中国家的完全早熟去工业化现象,而是属于广义范畴的去工业化现象。

中国出现的这种去工业化现象,其中一个重要表现是在国内制成品还具有相对比较优势,产能保持不变,甚至继续增长的情形下,对外直接投资出现快速增长。同时,中国出现的这种去工业化现象,还有一个十分明显的特征:在对外直接投资出现快速增长时,并没有出现制造业产品国外投资生产,而后大量返销国内的现象。这也是中国区域性去工业化与发达国家及其他发展中国家去工业化现象的一个本质区别。以美国为首的发达国家和巴西、马来西亚等其他发展中国家的去工业化恰恰出现了国外投资生产,产品返销国内的现象。

近几年来,尽管世界工业低速发展,但对外直接投资十分活跃。2015年全球外国直接投资流出总量同比增长了11.8%,创下2011年以来的最好成绩。在这种全球对外直接投资大幅增长的趋势下,中国对外直接投资更是持续大幅增长。2015年中国对外直接投资达到了1456.7亿美元,较同年吸引外商直接投资净额高出100.7亿美元,首次实现直接投资项下资本净输出,同比增长18.3%,流量规模仅次于美国,跃居世界第二位。其中,近八成的对外直接投资来自地方企业,上海、北京、广东位列前三。制造业对外直接投资199.9亿美元,同比增长108.5%,占当年流量总额的13.7%,其中流向装备制造业的投资100.5亿美元,同比增长158.4%,占制造业投资的50.3%。

对外直接投资的变化可以反映出不同类型去工业化对经济增长的影响。从表3.13中可以看出,积极去工业化地区的对外直接投资流量净额较大,且年均增幅也较高,以2015年为例,北京对外直接投资净额达到122.80亿美元,上海更是高达231.83亿美元。从长期发展趋势看,这些地区都是保持了较大的增幅,基本是呈直线增长。其中,北京2015年对外直接投资流量是2011年的10.45倍,天津为6.21倍,上海为12.61倍,福建为5.20倍。

3 中国去工业化现状分析

表 3.13 积极去工业化地区对外直接投资及
相关年份增幅   单位：亿美元；%

	2011年	2012年	2013年	2014年	2015年	A	B	C	D
北京	11.75	16.89	41.30	72.73	122.80	43.7	144.5	76.1	68.8
天津	4.07	6.75	11.20	41.46	25.26	65.8	65.9	270.1	-39.1
上海	18.38	33.16	26.75	49.92	231.83	80.4	-19.3	86.6	364.4
福建	5.30	8.57	9.52	10.51	27.57	61.6	11.1	10.3	162.4

注：A 表示 2012 年 GDP 同比增幅；B 表示 2013 年 GDP 同比增幅；C 表示 2014 年 GDP 同比增幅；D 表示 2015 年 GDP 同比增幅。

从表 3.14 中可以看出，消极去工业化地区的对外直接投资流量净额较小。至 2015 年，消极去工业化地区对外直接投资流量净额均不到 10 亿美元，远低于积极去工业化地区，山西、甘肃、青海等省份甚至不到 2 亿美元，最高的河北也只有 9.40 亿美元。同时，消极去工业化地区对外直接投资流量净额和同比增幅极为不稳定，不同年份波动较大，尤其在 2014 年和 2015 年，多个省份的同比增幅连续出现负增长。

表 3.14 消极去工业化地区对外直接投资及
相关年份增幅   单位：亿美元；%

	2011年	2012年	2013年	2014年	2015年	A	B	C	D
河北	4.64	5.78	9.27	12.19	9.40	24.6	60.4	31.4	-22.8
山西	1.83	3.10	5.65	3.05	1.86	69.0	8.2	-46.0	-38.9
甘肃	6.49	13.82	4.32	2.73	1.23	11.3	-68.7	-36.7	-55.0
青海	0.02	0.13	0.36	0.16	0.78	639.9	180.9	-55.4	388.8

注：A 表示 2012 年 GDP 同比增幅；B 表示 2013 年 GDP 同比增幅；C 表示 2014 年 GDP 同比增幅；D 表示 2015 年 GDP 同比增幅。

以 2015 年为例，积极去工业化地区中对外直接投资流量净额最大的是上海市 231.83 亿美元，消极去工业化地区中对外直接投资流量净额最大的是河北省 9.40 亿美元，前者是后者的 24.66 倍。同时，2015 年积极去工业化地区中对外直接投资流量净额最小的天津市25.26亿美元，也远远超过了消极去工业化地区中对外直接投资流量净额最大的河北省，是河北省的2.69倍。

积极去工业化地区与消极去工业化地区对外直接投资的差异，反映了两类去工业化地区经济发展的实际情况。积极去工业化地区工业得到了较为充分发展，已经在开始进入或已经进入后工业化阶段，社会富余产业资本需要寻找再投资途径，除了部分进入中西部地区，必然还有部分向海外发展。而消极去工业化地区还处于加速工业化阶段，传统制造业还需要大力发展，自身还需要寻找大量省外资金加大投入，自然就没有多余的资金投向海外，对外投资额也不可能出现大幅增长。

从河北、山西、甘肃、青海等省份的地区GDP、人均GDP、对外直接投资增长变化趋势中，本书发现，尽管这些省份是由于环境治理和生态保护而出现了去工业化现象，从环境治理和生态保护的角度看，是具有积极意义的。但我们也需要看到，这些省份出现去工业化现象，是在高技术产业没有得到充分发展时出现的，服务业还没有得到较好地发展，还无法完全吸纳从传统工业中流出的富余劳动力，人们也还没有能力及时跟上消费升级的步伐。这些省份也不能与北京、上海、天津、福建等一样，能够做到促使更多的企业走出去投资，反而需要从东部地区引进更多省外资金参与本地发展。因此，本书认为把河北、山西、甘肃、青海等省份出现的去工业化现象归类为消极去工业化，更能解释这些省份在经济发展中出现的一些新问题，如本地传统工业下降，同时引进省外资金和项目出现逐年递增等。

3.4.4 区域性去工业化个例分析：上海与山西

把积极去工业化地区和消极去工业化地区作为两类整体进行分析，可能还缺少说服力。接下来将从这两类地区中选取一个代表性的省份进行分析，其中积极去工业化地区中选取上海，消极去工业化地区中选取山西。

上海与山西属于两类不同类型的去工业化，上海可归属于积极去工业化现象，山西则属于因环境治理与工业发展相冲突而出现的消极去工业化现象。首先，从近五年制造业就业比重和工业增加值占GDP比重对上海和山西进行比较分析，如表3.15所示。

3 中国去工业化现状分析

表 3.15 上海和山西制造业相关数据比较

	2011 年	2012 年	2013 年	2014 年	2015 年	年均变化率（%）
制造业就业比重（%）						
上海	39.6	39.4	34.2	31.8	30.3	-5.09
山西	17.1	16.1	15.8	15.3	14.9	-2.71
工业增加值比重（%）						
上海	37.6	35.2	32.7	31.2	28.5	-5.34
山西	53.0	49.7	47.3	43.2	34.2	-8.11

资料来源：笔者整理。

表 3.15 显示，最近五年来，上海和山西的制造业就业人数占社会总就业人数比重和工业增加值占 GDP 比重均出现了连续下降。其中，上海制造业就业比重年均下降比率为 5.09%，山西年均下降比率为 2.71%；上海工业增加值比重年均下降比率为 5.34%，山西年均下降比率为 8.11%，这些再次表明上海和山西出现了区域性去工业化现象。上海制造业就业比重下降比率远大于山西，但山西工业增加值比重下降比率要远大于上海，这能够表明上海制造业部门的劳动生产率远高于山西。上海和山西的制造业就业比重出现下降时，它们的社会总就业人数则出现了上升，因此，这也反映出从制造业流出的人数进入了非制造业。

上海和山西的高技术产业占比和全要素能源效率分析如表 3.16 所示。从表 3.16 中可以看出，上海的高技术产业总产值占 GDP 比重较大，一直保持在 28.71%~37.25%，说明上海的产业结构是以有高技术含量的新兴产业为主，基本达到了发达国家的产业结构水平。同时，我们可以发现，上海的高技术产业总产值占 GDP 比重呈现递减趋势，这也恰恰验证了随着去工业化的推进而导致整个工业产值占 GDP 比重的下降。山西的高技术产业总产值占 GDP 比重一直维持在 2.83%~6.77%，远远低于发达国家出现去工业化时高技术产业所占比重，这说明山西的产业结构还是以科技含量较低的，位于产业生产链和价值链低端的劳动密集型传统产业为主，还处于产业发展初级阶段。

再从全要素能源效率分析，上海在 2011—2015 年的全要素能源效率达到了 1.000，表明能源投入利用效率达到了很高的水平。山西在 2011—2015 年的全要素能源效率均低于 0.5，表明有将近二分之一的能源投入被浪费了。

表 3.16 上海和山西高技术产业占比和全要素能源效率比较

	2011 年	2012 年	2013 年	2014 年	2015 年
高技术产业占比（%）					
上海	37.25	32.99	31.27	29.94	28.71
山西	2.83	4.63	5.59	6.23	6.77
全要素能源效率					
上海	1.000	1.000	1.000	1.000	1.000
山西	0.327	0.322	0.331	0.337	0.362

资料来源：笔者整理。

因此，上海出现去工业化现象时，产业结构已经实现了较好地升级，高技术产业在产业结构中占有重要地位，对经济增长发挥了重要的作用，在经济增长的过程中，能源投入得到了充分地利用，属于积极去工业化。山西出现去工业化现象时，高技术产业还处于刚刚起步阶段，对经济增长的作用微乎其微，产业结构还处于以低端传统制造业为主的阶段，且能源投入极大地被浪费了。尽管山西在很大程度上是由于环境治理而需要去掉重污染性工业，使工业地位下降，但其高技术产业发展不足，能源投入浪费严重是客观事实。因此，山西还是属于消极去工业化。

在应对去工业化时，上海进行了积极的产业结构调整，生产资源从传统制造业逐渐转移到高技术产业和现代服务业中，服务业增加值占 GDP 比重逐渐上升，至 2015 年服务业增加值占 GDP 比重达到 67%。表 3.17 显示，在去工业化的过程中，上海的地区 GDP 还是在以较高的增速逐年增长，表明上海经济处于良性增长的通道中，去工业化的出现并没有给上海经济发展带来不良影响。同时，上海的人均 GDP 也一直保持了较高的增速。

与此同时，在出现去工业化现象时，山西的高技术产业增加值在 GDP 中所占比重极小，2011—2015 年高技术产业增加值占 GDP 比重还不到 7%，服务业所占比重为 53.2%，表明山西经济内部还不具备去工业化的条件，制造业还没有得到充分发展，其去工业化是在外部力量作用下被动地去工业化，是在制造业劳动生产率处于较低水平下出现的过早去工业化。从山西地区 GDP 增长中也可以看出，2011—2015 年，山西的地区 GDP 增速逐渐下降，至 2015 年已经为 0.04%，表明过早去工业化逐渐对山西经济增长产生了较大的负面作用。

3 中国去工业化现状分析

表 3.17 上海和山西相关统计数据

	2011 年	2012 年	2013 年	2014 年	2015 年	A	B	C	D
地区 GDP 及同比增幅（亿元）									
上海	19195	20181	21818	23567	25123	5.14%	8.11%	8.02%	6.60%
山西	11237	12112	12665	12761	12766	7.79%	4.56%	0.76%	0.04%
人均 GDP 及同比增幅（元）									
上海	82560	85373	90993	97370	103796	3.41%	6.58%	7.01%	6.60%
山西	31357	33628	34984	35070	34919	7.24%	4.03%	0.25%	-0.43%

注：A 表示 2012 年 GDP 同比增幅；B 表示 2013 年 GDP 同比增幅；C 表示 2014 年 GDP 同比增幅；D 表示 2015 年 GDP 同比增幅。

表 3.18 显示，从 2007 年起，山西制造业增加值占 GDP 比重开始出现长期下降趋势，制造业增加值从 2012 年开始出现逐年下降，这恰恰是山西出现区域性去工业化现象的重要标志之一。采矿业增加值占 GDP 比重从 2005 年开始保持上升趋势，直至 2012 年才开始逐年下降。同时，采矿业增加值从 2008 年起超过制造业增加值，甚至在 2011—2013 年连续接近是制造业增加值的两倍。

表 3.18 山西省制造业增加值和采矿业增加值比较   单位：亿元；%

年份	制造业增加值	采矿业增加值	GDP	制造业增加值占 GDP 比重	采矿业增加值占 GDP 比重
2005	868.7	708.4	4230.5	20.53	16.74
2006	1038.0	884.7	4878.6	21.28	18.13
2007	1403.1	1146.0	6024.5	23.29	19.02
2008	1435.6	1980.0	7315.4	19.62	27.07
2009	1112.2	1991.9	7358.3	15.12	27.07
2010	1554.7	2777.5	9188.8	16.92	30.23
2011	1915.8	3835.7	11237.2	17.08	34.20
2012	1937.0	3918.2	12112.6	15.97	32.31
2013	1886.1	3648.0	12665.3	14.89	28.82
2014	1727.1	2798.1	12761.5	13.53	21.92
2015	1402.2	2006.9	12766.5	10.98	15.72

资料来源：笔者整理。

从山西制造业和采矿业增加值的变化中，可以看到，随着制造业增加值下降，采矿业增加值则出现大幅增长，表明从制造业流出的要素资源大幅流向了采矿业。山西制造业和采矿业之间的变化，原因在于从2004年起，中国煤炭需求旺盛，煤炭价格持续走高，2007年煤炭价格更是突然直线上升，引发大量投资涌向煤炭行业。山西是中国煤炭产出大省，在煤炭价格高涨的过程中，制造业更是受到了冲击，其制造业增加值占GDP比重在2007年达到阶段性高峰值，然后出现持续下降趋势，到2015年制造业增加值占GDP比重仅为10.98%。而采矿业增加值占GDP比重在2008年突然出现大幅增加，恰恰反映了煤炭价格的变化趋势。

随着煤炭的产能过剩和价格回落，生产资源开始从采矿业流出，导致采矿业绝对增加值和相对比重出现大幅度的下降。作为煤炭大省，采矿业在山西经济增长中占有重要地位，是山西的支柱产业，其中煤炭开采占采矿业的90%以上。采矿业大幅下降，且下降幅度远远大于制造业，带来的后果就是山西的经济增速也急剧放缓。山西的地区GDP在2012年同比增幅为7.79%，随后2013年、2014年、2015年分别为4.56%、0.76%、0.04%，这与国内煤炭产能过剩，导致煤炭价格大幅下降，采矿业增加值随之出现急剧下降是紧密相连的。

在制造业增加值占GDP比重下降幅度不大的情形下，采矿业增加值占GDP比重出现大幅度下降，进而引起工业增加值占GDP比重出现大幅度下降，最终导致GDP增幅放缓，甚至出现负增长，这种由于资源禀赋发生变化引起的去工业化，属于典型的"荷兰病"现象，是一种消极去工业化。

3.5 本章小结

去工业化包括总量去工业化和区域性去工业化。本章从三个部分开展研究：一是建立了总量去工业化和区域性去工业化的度量指标；二是分析了各省份的全要素能源效率；三是分析了总量去工业化和区域性去工业化现象。

去工业化的度量指标一般包括制造业增加值占GDP比重和制造业就业人

3 中国去工业化现状分析

数占总就业人数比重。本章在分析中国去工业化现状时，分两类指标来考察：一是建立总量去工业化的度量指标，包括制造业就业人数和占全国总就业人数的份额、制造业增加值占 GDP 的比重、制造业出口额占产品出口总额的比重；二是建立区域性去工业化的度量指标，包括制造业就业人数占总就业人数的比重、工业增加值占地区 GDP 的比重。

在区域性去工业化中，存在积极去工业化和消极去工业化。本章依据两个指标来判断区域性去工业化是积极的还是消极的，这两个指标包括：一是高新技术产业总产值占 GDP 的比重，本书设定为大于 15%；二是全要素能源效率（TFEE），本书设定为在 0.8 及以上。如果同时符合这两条标准，那么认定该省份的区域性去工业化是积极去工业化，反之，则为消极去工业化。

全要素能源效率表明在工业化的过程中，能源是否得到了充分利用。发达国家进入工业化后期阶段，全要素能源效率均处于较高的水平，能源比例很低。因此，在评价去工业化时，必须考虑该地区的全要素能源利用效率。本章分析了中国各省份的 2005—2015 年全要素能源效率，结果发现总体上中国全要素能源效率处于较低水平，能源浪费较为严重。

通过对 2005—2015 年中国制造业就业人数和占全国总就业人数的份额、制造业增加值占 GDP 的比重、制造业出口额占产品出口总额比重的分析，本书认为中国还没有出现总量去工业化现象。不过，通过对近五年各省份的制造业就业人数占总就业的比重、工业增加值占地区 GDP 比重的分析，发现了中国部分省份出现了区域性去工业化现象。

在区域性去工业化中，发现北京、天津、上海、福建等省份的高技术产业占比大于 15%，且全要素能源效率在 0.8 以上，认定这些省份发生了积极的结构性去工业化。河北、山西、甘肃、青海等省份高技术产业占比低于 15%，全要素能源效率不到 0.8，认定这些省份发生了消极去工业化。

河北、山西、甘肃、青海等省份出现去工业化现象，表面上是因环境治理、生态保护与工业发展存在冲突而出现的，但本质上还是高技术产业发展不足，能源投入浪费严重而引起的。河北、山西由于重化工行业而引起环境污染，需要去重化工行业，随着重化工行业比重下降而出现了去工业化现象；甘肃、青海则是生态环境不能承受传统工业的发展，需要降低传统工业比重而出现了去工业化现象。尽管这些省份属于因环境治理、生态保护与发展工业不相容而出现去工业化现象，但它们还是存在高技术产业总产值占比过低与能源浪费严重的共同特征，是在外界力量干预下而出现的去工业化现象。因此，本书认为这些省份符合消极去工业化的判断，把它们归属于消极去工业化类型。

总体上，积极去工业化地区 GDP 和人均 GDP 均处于较高的水平，且保持较高的年均增幅；积极去工业化地区的对外直接投资一直保持直线上升趋势，年均增幅较大。而消极去工业化地区 GDP 和人均 GDP 均处于较低的水平，且保持较低的年均增幅，甚至有的省份出现负增长；消极去工业化地区的对外直接投资流量净额均处于很低的水平，且不同年份波动较大。

上海和山西是积极去工业化和消极去工业化较为典型的代表。上海市在去工业化的过程中，一直保持较高的经济增速，服务业发展较快，在国民经济中的比重持续上升。山西省在去工业化的过程中，过分依靠采矿业，制造业流出的生产资源流向采矿业，环境污染也极为严重。随着采矿业的波动，山西经济增长也受到重大影响，近几年经济增长速度大幅降低，2015 年地区 GDP 增速更是低至 0.04%，属于典型因资源禀赋引起的过早去工业化。

4 中国去工业化原因分析

4.1 基本分析思路

本章基于以下思路分析中国去工业化现象的形成原因：通过观察制造业与服务业需求收入弹性、制造业增长率与 GDP 增长率差异、制造业部门对农业、服务业等非制造业部门的溢出效应、制造业就业和产出份额的影响因素等，综合分析去工业化原因。

去工业化原因复杂，已有文献从不同角度进行了论述，但还存在许多方面值得补充。通过对已有关于去工业化形成原因的文献进行归纳和整理，结合第 3 章关于中国去工业化现状的分析，以及对区域性去工业化现象下积极与消极去工业化经济增长差异，上海与山西的个例分析，本书认为，遵循上述这样一个思路进行分析，能够发现中国出现去工业化现象的原因。

这样分析的依据在于：

一是居民收入大幅提高引起消费需求模式出现变化是出现去工业化现象的重要原因，而消费需求模式可以通过制造业和服务业需求收入弹性的变化得到反映。制造业与服务业需求收入弹性的变化，可以反映出制成品丰富程度、人们实际收入水平和消费模式的转变。随着制造业加速发展，劳动生产率不断提高，制成品越来越丰富，同时人们实际收入水平持续增加，人们从对制成品的高需求会逐渐转向对服务的需求，进而制造业需求收入弹性小于服务业。因此，通过制造业和服务业需求收入弹性的变化，可以推断出人均实际收入和消费模式对去工业化的影响。

二是技术革新引起制造业生产率发生巨大的变化，而制造业生产率的变化是出现去工业化现象的重要原因。制造业与非制造业部门不同增长率的变化，反映出了不同部门在国民经济中地位和作用的变化。如果制造业部门增长率与GDP增长率差异越来越小，表明制造业对经济增长的推动作用在逐渐下降。因此，通过观察制造业和非制造业部门在不同时期对GDP增长率的影响，可以推断出制造业对经济增长的作用是否发生了改变。

三是社会服务需求的变化促进了资源的重新分配，而去工业化则伴随着社会资源从制造业逐渐流向服务业，这些通过分析制造业对非制造业部门就业的溢出效应、制造业对农业部门就业的溢出效应、服务业对农业部门就业的溢出效应能够得到反映。不同发展时期制造业部门对非制造业部门的就业溢出效应会出现改变。在制造业发展初期，越来越多的就业人员进入制造业部门。而随着制造业加速发展，对就业人员从业标准也会越来越高，将会导致部分从业人员从制造业流出，进入以服务业为代表的非制造业部门。此时，从农业部门流出的就业人员将会大部分进入服务业，服务业对农业部门产生就业溢出效应。因此，通过制造业部门对非制造业部门就业溢出效应的变化、服务业对农业部门就业溢出效应的变化能够推断出制造业在经济发展中地位和作用的变化。

四是经济全球化加剧了全球竞争和国际贸易，通过分析制造业进出口贸易指标对制造业产出和就业的影响，能够发现国际贸易对去工业化的作用。在去工业化的度量指标中，制造业就业占比和产出占比是衡量去工业化的重要指标。分析制造业就业占比和产出占比的影响因素，尤其把人均收入水平、制造业进出口贸易纳入模型中，能够较为具体地发现影响去工业化的一些重要作用因素，进而分析出现去工业化现象的原因。因此，如果选择的影响因素确实对制造业就业和产出发生了影响，且模型检验显著，那么可以推断出这些影响因素对中国区域性去工业化现象确实发生了作用。

4.2 部门增长率、GDP 增长率与去工业化

4.2.1 制造业与服务业需求收入弹性比较分析

在工业化不同阶段,制造业和服务业的需求收入弹性是不同的。理论上,在工业化初期阶段,制成品还不能大量满足人们的需要,人们低水平的收入也不能支持购买一次性物品,因此制造业的需求收入弹性会较高。由于制成品具有反复使用的特性,使用时间较长,工业化进程加快,促使制造业劳动生产率大幅提高,生产出大量的制成品投入市场,而伴随收入增加,人们对制造业产品的需求也在逐渐减少,从而制造业的需求收入弹性逐渐降低。另外,在工业化初期阶段,人们没有多余的收入来消费服务,故服务业的需求收入弹性会较低。随着工业化的逐步完成,人们收入逐渐增加,对服务的需求也在持续上升,因而服务业的需求收入弹性也在逐步增加,甚至超过制造业的需求收入弹性(Rowthorn 和 Rasmawamy,1999)。随着进入工业化后期,居民实际收入水平已经达到较高水平,人们有能力进行较高水平的消费,服务业得到了较为充分地发展,一次性的服务消费需求能够为社会所接受,此时人们倾向于新型服务的消费需求,服务业需求弹性会长期处于较高水平。因此,通过分析制造业和服务业的需求收入弹性,可以在一定程度上看出经济体的工业化进程。

依据需求的收入弹性定义,我们可以建立制造业的需求收入弹性公式如下:

$$LYm = \beta_0 + \beta_1 LYPC + \beta_2 LCPI + \varepsilon \tag{4.1}$$

同样,可以建立服务业的需求收入弹性公式如下:

$$LYs = \beta_0 + \beta_1 LYPC + \beta_2 LCPI + \varepsilon \tag{4.2}$$

对式(4.1)中,求 Ym 对 YPC 的偏导数,可得:

$$\frac{1}{Ym} \cdot \frac{\partial Ym}{\partial YPC} = \beta_1 \cdot \frac{1}{YPC}$$

整理后可以得到:

$$\beta_1 = \frac{\partial Y_m}{\partial YPC} \cdot \frac{YPC}{Y_m}$$

此处 β_1 即为制造业产品的需求收入弹性。

同理，对式（4.2）中，求 Y_s 对 YPC 的偏导数，可得：

$$\frac{1}{Y_s} \cdot \frac{\partial Y_s}{\partial YPC} = \beta_1 \cdot \frac{1}{YPC}$$

整理后可以得到：

$$\beta_1 = \frac{\partial Y_s}{\partial YPC} \cdot \frac{YPC}{Y_s}$$

同样，此处 β_1 即为服务业产品的需求收入弹性。

式（4.1）中，Y_m 是制造业实际增加值，由于中国的制造业统计数据是从 2004 年才开始单独统计的，为了考察较长时期的制造业需求收入弹性，仅采用现有的制造业增加值数据是不够的。因此，这里采用工业实际增加值为制造业实际增加值的替代指标。式（4.2）中 Y_s 是服务业实际增加值，采用第三产业实际增加值为替代指标。YPC 是实际人均收入，采用全国城镇居民实际可支配收入为替代指标（所有指标以人民币计算，1978 = 100）；CPI 是消费者价格指数，采用全国居民消费者价格指数为替代指标（1978 = 100）；ε 是随机误差项；L 表示取对数。数据来源于历年《中国统计年鉴》，经笔者整理而成。

在第 3 章分析中国去工业化时采用了 2005—2015 年的制造业及其他相关数据，为了与前面部分相衔接，以及从更长时期观察制造业与服务业需求收入弹性的变化趋势，因此，在分析制造业与服务业的需求收入弹性时，以 1978—2015 年的数据进行分析。具体计算时，采用滚动回归分析法，由于 2005—2015 年共跨过 11 年，因此以 11 年为一个分析窗口，分别为 1978—1988 年、1979—1989 年、1980—1990 年、1981—1991 年……2004—2014 年、2005—2015 年，分析结果如图 4.1 所示。

从图 4.1 中可以发现，制造业在 1979—1989 年的需求收入弹性开始大于 1，直到 2004—2014 年时才开始下降到小于 1。服务业的需求收入弹性则一直大于 1，且多数年份服务业的需求收入弹性大于制造业的需求收入弹性。从总体上看，服务业的需求收入弹性波动幅度也较制造业更大，制造业的需求收入弹性在 2000—2010 年左右开始出现较大的上升，而后在 2003—2013 年左右开始出现下降趋势，至 2005—2015 年更是大幅下降。由于在这里使用的是城镇居民人均实际收入数据，这表明在2005—2015年，随着实际人均收入的增加，城镇居民对制造业产品的需求开始出现下降，而对服务业的消费保持较高的需求。

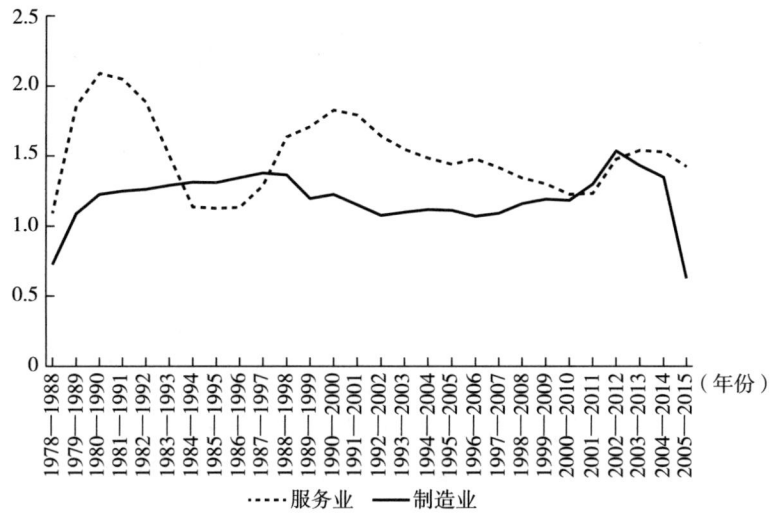

图4.1 制造业与服务业需求收入弹性比较

从制造业与服务业的需求收入弹性比较中还可以发现，在2005—2015年之前，中国的制造业处于高速发展时期，社会对制造业产品一直保持较为稳定的消费能力，因此制造业的需求收入弹性较为稳定，波动幅度不大。同时，服务业也处于快速发展时期，但人们对服务业的消费需求变化较快，因而服务业的需求收入弹性波动更大。这也与制造业与服务业产品的消费特点有关。制造业产品相对较为耐用，消费能够维持较长时间。服务业则更多的是一次性消费，需要不断重复消费，因而服务业消费的需求收入弹性出现时而高于制造业，时而低于制造业。但总体来看，随着人们收入的增加，制造业消费的需求弹性出现下降趋势，尤其在2005—2015年，城镇居民实际可支配收入出现大幅增长，人们对制造业产品的需求达到了相对稳定的状态，伴随制造业消费的需求收入弹性出现急剧下降。但在收入急剧增长的同时，人们对服务业消费保持较强势头，因而同期服务业消费的需求收入弹性继续维持在较高位置。

4.2.2 制造业与非制造业部门增长率差异分析

依据卡尔多分析框架，经济体出现去工业化现象的一个重要原因是制造业生产率发生了巨大的变化。制造业与非制造业部门增长率变化情况，是判断一个经济体是否出现了去工业化现象的有力依据。制造业作为经济增长的引擎和动力，主要原因在于制造业的生产力增长率远远大于整体经济的增长率，即制造业劳动生产率（或产出）增长率与GDP增长率差异越大，则整体经济增长越快。因此，考察制造业部门与其他经济部门对经济增长促进作用的差异，可以通过分析制造业与非制造业部门生产力增长率与GDP增长率的差异进行比较。

同时，由于各个行业的需求和供应条件不同，制定基于单一产品经济的经济增长理论是远远不够的。不同部门在需求与供给方面既有区别，更有联系。一般认为，在需求方面，制造业产品需求的收入弹性大于农业，但与服务业的需求大致相同；在供应方面，制造业被认为具有更大的生产率增长潜力，尽管测量服务业生产率存在很大的难题，但服务业生产力的增长往往远低于制造业。

去工业化的一个重要表现在于制造业产出占GDP比重的下降，伴随而来的往往是服务业产出占GDP比重的上升，以及农业产出占GDP比重的继续下降或维持在低位。考察制造业、服务业及农业产出占GDP比重变化的一个直观的分析方法就是比较这三者生产力增长率与GDP增长率的差异。

表4.1显示，在1978—2004年，不同部门平均增长率与GDP平均增长率的差异十分明显。其中，制造业平均增长率高出GDP平均增长率1.99%，服务业平均增长率高出GDP平均增长率1.14%，农业平均增长率则比GDP平均增长率低5.20%。制造业平均增长率与GDP平均增长率的差异，表明在1978—2004年制造业对GDP增长起到主要推动作用，其次是服务业。

在2005—2015年，制造业平均增长率高出GDP平均增长率0.31%，服务业平均增长率高出GDP平均增长率0.63%，农业平均增长率比GDP平均增长率低5.46%。此时，服务业增长率与GDP增长率之差大于制造业增长率与GDP增长率之差，表明在2005—2015年服务业逐渐成为了GDP的主要贡献力量。

表 4.1　制造业、服务业、农业的平均增长率与 GDP 平均增长率的差异比较

	1978—2004 年	2005—2015 年
制造业增长率对 GDP 增长率	1.99%	0.31%
服务业增长率对 GDP 增长率	1.14%	0.63%
农业增长率对 GDP 增长率	−5.20%	−5.46%

资料来源：《中国统计年鉴》。

从 1978—2004 年和 2005—2015 年这两个期间制造业、服务业、农业平均增长率对 GDP 平均增长率的差异比较中可以发现，随着经济总量的扩大，虽然制造业与服务业平均增长率对 GDP 平均增长率的差距都在逐渐缩小，但制造业平均增长率对 GDP 平均增长率的差距缩小程度远大于服务业。在 2005—2015 年服务业平均增长率对 GDP 平均增长率的差异是制造业平均增长率对 GDP 平均增长率差异的两倍，表明服务业平均增长率已经开始逐步超过并大于制造业平均增长率。同时，农业平均增长率对 GDP 平均增长率的差距出现了扩大趋势，则可能表明农业在经济中的地位出现了进一步的下降趋势。

4.2.3　制造业增长率对 GDP 增长率的回归分析

从制造业、服务业、农业平均增长率与 GDP 平均增长率的差异比较中，我们发现了制造业生产力增长率增长速度越快，整体经济增长率越高。但是，如果仅仅依据制造业生产力增长率与 GDP 增长率的差异就直接推断制造业是经济增长的原因，则过于片面，还需要通过进一步的分析来验证。

一般而言，检测制造业是否是促进经济增长的推动力，分析方法是将某国或地区的 GDP 增长率与制造业增长率等因素进行回归，并进行因果关系检验。在回归分析时，如果发现制造业增长率的回归系数远小于 1，同时因果关系通过检验，那么可以认为制造业确实是经济增长的推动力。同时，如果回归分析结果发现制造业生产力增长率与 GDP 增长率的差异越大，则表明制造业产出增长率远超过整体经济增长率，整个经济增长速度就越快。

依据制造业生产力增长率与 GDP 增长率两者关系的假设，建立制造业增长率与 GDP 增长率的回归方程如下：

$$YgGDP = \beta + \beta_1 gMan + \varepsilon \tag{4.3}$$

式(4.3)中，gGDP是GDP增长率；gMan是制造业增长率，以工业增长率替代；ε是随机误差项。

在进行回归分析时，由于中国是从2004年开始单独统计制造业的相关信息，并且在第3章中分析中国去工业化现状时，发现中国是从2005年起部分省份开始出现去工业化现象。因此，为了与前面的分析保持一致，同时为了得到较为稳定的分析结果，采用了1978—2015年的数据，并划分为两个阶段进行回归分析：第一阶段是1978—2004年，第二阶段是2005—2015年。数据来源于历年《中国统计年鉴》，经笔者加以整理而成。回归分析结果如表4.2所示。

表4.2 制造业增长率对GDP增长率的回归结果

	1978—2004年	2005—2015年
常量	3.547*** (5.187)	1.669 (2.217)**
制造业增长率	0.527*** (9.740)	0.804*** (11.116)
R^2	0.791	0.932
诊断检验（p值）		
J-B正态分布检验	0.129	0.472
B-G LM检验	0.351	0.163
White检验	0.879	0.266
ARCH检验	0.413	0.419
Ramsey Reset检验	0.670	0.262
Granger因果检验（p值）		
gMan不是gGDP变化的原因	0.028	0.083
gGDP不是gMan变化的原因	0.359	0.410

注：括号中为t值；*：$p<0.10$；**：$p<0.05$；***：$p<0.01$。按不变价计算（上年=100）。

从表4.2中可以看出，在1978—2004年和2005—2015年制造业增长率对GDP增长率的回归分析中，模型拟合效果都较为理想，Granger因果检验中拒绝了gMan不是gGDP变化原因的零假设，但接受了gGDP不是gMan变化原因的零假设，这些均表明制造业确实是中国经济增长的推动力。在1978—2004

年,制造业增长率的回归系数为 0.527,远小于 1,表明制造业增长率与 GDP 增长率之间的差距越大,GDP 增长则越快;在 2005—2015 年,此时制造业增长率的回归系数为 0.804,远大于 1978—2004 年的回归系数,但还是小于 1,表明制造业还是经济增长的强劲动力,但已经较前期有所削弱。

4.2.4 农业增长率对 GDP 增长率的回归分析

由于制造业部门产出在总产出中占有较大的比重,为避免人为地高相关性,以及确认制造业是经济增长的引擎和动力,有必要建立农业、服务业等构成的非制造业部门增长率与 GDP 增长率的回归方程进行类似的分析。

一方面在工业化初期阶段,随着工业的兴起,越来越多的新技术、新工艺被制造业部门采用,农业部门劳动生产率与制造业部门劳动生产率的差距越来越大,农业部门对经济增长的作用在逐步削弱,因而预计农业增长率与 GDP 增长率存在较低的相关性,甚至可能不存在相关性。而另一方面,尽管服务业劳动生产率也是远低于制造业劳动生产率,但随着人均收入逐步提高,人们对服务的需求也会逐渐增加,进而服务业在经济中占据重要地位,因而可以预计服务业增长率与 GDP 增长率之间存在较高的相关性。从产业发展路径看,首先是农业促进经济增长,其次是工业化阶段制造业发挥引擎作用,最后是服务业充当经济增长的推动力。因此,在分析非制造业部门对经济增长的推动作用时,首先要建立农业增长率与 GDP 增长率的回归方程。依据农业增长率与 GDP 增长率的关系,建立农业增长率与 GDP 增长率的回归方程如下:

$$YgGDP = \beta_0 + \beta_1 gAgri + \varepsilon \quad (4.4)$$

式(4.4)中,gGDP 是 GDP 增长率;gAgri 是农业部门增长率;ε 是随机误差项。数据来源于历年《中国统计年鉴》,经笔者加以整理而成。回归分析结果如表 4.3 所示。

从表 4.3 中可以看出,农业增长率对 GDP 增长率的回归系数均远远小于 1,回归结果也不理想,基本上验证了农业部门对经济增长的推动作用越来越弱。1978—2004 年的回归系数为 0.149,R^2 为 0.024;2005—2015 年的回归系数为 0.015,R^2 为 0.015。无论是 1978—2004 年,还是 2005—2015 年的农业增长率对 GDP 增长率的回归分析,农业部门增长率方程中的 R^2 均远远小于制造业增长率回归方程中的 R^2,且农业增长率回归系数的统计检验均不显著,表明在工业化阶段农业部门生产力增长对 GDP 增长的影响很小，农业增长率与 GDP 增长率之间存在很低的相关性。

表4.3 农业增长率对 GDP 增长率的回归结果

	1978—2004 年	2005—2015 年
常量	9.047** （8.869）	7.478 （1.219）
农业增长率	0.149 （0.788）	0.015 （0.375）
R^2	0.024	0.015
诊断检验（p 值）		
J－B 正态分布检验	0.778	0.551
B－G LM 检验	0.014	0.052
White 检验	0.313	0.033
ARCH 检验	0.298	0.908
Ramsey Reset 检验	0.598	0.143

注：括号中为 t 值；*：$p<0.10$；**：$p<0.05$；***：$p<0.01$。按不变价计算（上年=100）。

4.2.5 服务业增长率对 GDP 增长率的回归分析

从产品的使用期限分析，制造业产品具有较长的使用次数，人们一次购买能够获得重复的效用满足。服务业产品则普遍具有一次性使用特性，人们每次都需要重新购买才能获得效用满足。在工业化早期阶段，人们实际可支配收入还处于较低水平，主要用于家庭日常开支，以及购买能维持较长时间效用的制造业产品，不可能有多余的收入用于一次性的服务性消费，因而服务业发展缓慢，服务业对经济增长的贡献也必定要弱于制造业对经济增长的贡献。随着进入工业化后期阶段，人们实际可支配收入大幅提高，而制造业产品在支付后能够使用较长时间，短期内不需要重复购买，因而人们有能力支付一次性的服务性消费，对服务的需求也逐渐增加，此时服务业增长与经济增长逐渐显示较高的相关性。

依据服务业增长率与 GDP 增长率的相关性，构建服务业增长率与 GDP 增长率的回归方程如下：

4 中国去工业化原因分析

$$YgGDP = \beta_0 + \beta_1 gServ + \varepsilon \tag{4.5}$$

式（4.5）中，gGDP 是 GDP 增长率；gServ 是服务业部门增长率；ε 是随机误差项。数据来源于历年《中国统计年鉴》，经笔者加以整理而成。回归分析结果如表 4.4 所示。

表 4.4 服务业增长率对 GDP 增长率的回归结果

	1978—2004 年	2005—2015 年
常量	2.583** （2.384）	1.224* （1.495）
服务业增长率	0.657*** （6.917）	0.822*** （10.744）
R^2	0.657	0.928
诊断检验（p 值）		
J-B 正态分布检验	0.852	0.537
B-G LM 检验	0.001	0.125
White 检验	0.488	0.747
ARCH 检验	0.158	0.863
Ramsey Reset 检验	0.395	0.216

注：括号中为 t 值；*：$p<0.10$；**：$p<0.05$；***：$p<0.01$。按不变价计算（上年 = 100）。

从表 4.4 中可以看出，回归分析结果较为理想，决定系数值显著大于农业增长率对 GDP 增长率的回归，诊断检验也较为理想，表明回归分析拟合较为合适。1978—2004 年服务业增长率对 GDP 增长率的回归系数为 0.657，远大于同期制造业增长率对 GDP 增长率的回归系数 0.527，二者回归系数差距较大，表明服务业与制造业增长率对 GDP 增长率的影响存在较大差异。制造业增长率与 GDP 增长率回归系数差距越大，表明制造业对经济增长的推动越强，而服务业增长率与 GDP 增长率差距小于制造业，表明服务业对经济增长的作用弱于制造业。2005—2015 年服务业增长率对 GDP 增长率的回归系数为 0.822，同期制造业增长率对 GDP 增长率的回归系数为 0.804，此时二者回归系数差距已经很小，表明服务业在国民经济中的地位和作用越来越大，服务业增长率对 GDP 增长率的影响已经在逐步上升，与制造业增长率对 GDP 增长率的影响差异正在逐步缩小。因此，依据表 4.4 的回归分析结果，我们可以判断出在 2005—2015 年服务业对经济增长的影响远大于 1978—2004 年的影响，而在 2005—2015 年制造业对经济增长的影响则小于 1978—2004 年的影响。

在经济增长过程中，由于劳动生产率的变化，不同部门产出增长率存在较大差异，各部门增加值占 GDP 比重也会逐渐发生变化。从表 4.5 中可以看出，与 1978—2004 年相比，2005—2015 年各部门产出年均增长率均出现了不同程度的下降。首先，工业部门产出年均增长率下降幅度最大，下降了 1.65%；其次，服务业部门年均增长率下降了 0.46%；最后，农业部门年均增长率下降了 0.23%。

表 4.5　不同部门产出年均增长率和占 GDP 年均比重比较

	1978—2004 年	2005—2015 年	变化值
部门产出年均增长率（%）			
工业	11.72	10.07	-1.65
服务业	10.85	10.39	-0.46
农业	4.53	4.30	-0.23
部门增加值占 GDP 年均比重（%）			
工业	39.94	39.30	-0.64
服务业	32.32	44.67	12.35
农业	22.77	9.84	-12.93

资料来源：《中国统计年鉴》。

但在部门产出增加值占 GDP 比重方面，农业、工业和服务业出现了截然不同的变化。与 1978—2004 年相比，2005—2015 年各部门产出增加值占 GDP 的年均比重出现了较大变化，其中工业部门和农业部门均出现了下降，工业部门下降了 0.64%，农业部门下降了 12.93%，但服务业部门出现了大幅上升，增加了 12.35%。

同时，1978—2004 年 GDP 年均增长率为 9.72%，2005—2015 年 GDP 年均增长率为 9.76%，上升了 0.04%。从工业、服务业和农业产出年均增长率和占 GDP 比重的变化中，我们可以初步推断，尽管 2005—2015 年服务业增加值占 GDP 比重出现大幅上升，农业增加值占 GDP 比重出现大幅下降，而且工业增加值占 GDP 比重只是出现了较小幅度的下降，但工业部门产出年均增长率下降幅度较大，因而导致 GDP 年均增长率上升幅度很小。这也间接说明制造业增长率（工业产值中95%左右来自制造业创造）是影响 GDP 增长率的主要因素。

不过，GDP 增长与某个部门产出增长存在正相关关系，表明该部门能够促进经济增长，但仅有这点还不能说明该部门就是经济增长的动力。由于不同行业对经济增长的促进作用是不同的，因而不同行业增长率与 GDP 增长率的差异导致不同国家或地区之间经济增长的差异也是不同的。由于劳动生产率的差异，服务业增长率与 GDP 增长率之间的差异远比不上制造业增长率与 GDP 增长率之间的差异而导致对经济增长的促进作用。服务业增长与 GDP 增长的密切关系，主要在于这样一个事实：服务业增长和 GDP 增长都与制造业增长紧密关联，尤其生产性服务业更是离不开制造业的飞速发展。在一个经济体中，整体经济生产率的增长速度取决于制造业的扩张。制造业快速扩张时，吸引了大量生产资源和劳动力集中流入制造业部门，这不仅导致制造业生产力快速增长，而且对整个经济也有溢出效应，服务业如运输、通信等生产性服务业的发展也主要依赖于制造业生产力的扩张。同时，总体上制造业部门人均收入也远高于非制造业部门，制造业的快速扩张使人们有能力消费服务业产品，也直接促进了服务业的发展。

4.3 制造业、服务业溢出效应与去工业化

4.3.1 制造业对非制造业就业的溢出效应分析

去工业化是社会资源重新分配的过程，而不同部门就业的变化，则可以较为直观地反映出社会资源分配和流向。依据卡尔多分析框架，由于整个社会生产力的增长率依赖于制造业部门的快速增长，因此，要促进社会生产力快速增长，不仅制造业生产力要快速增长，而且制造业快速增长时，也会对整个经济产生溢出效应。制造业生产力的增长还会受到其他收益回报下降部门生产活动

收缩的影响,如农业或其他非制造业部门。如果将劳动力和其他资源从这些部门释放到动态制造业,这对整个经济生产率增长有双重增长作用,它通过从非动态部门释放剩余劳动力以及动态部门的扩张来提高社会生产力(Dasgupta 和 Singh,2006)。因此,在分析制造业对经济的推动作用时,有必要建立一个包括非制造业就业增长率变化的回归方程来考察这种溢出效应。

建立回归方程时,以整个社会生产力年增长率为被解释变量,以制造业生产力增长率和非制造业就业增长率为解释变量。构建这一回归方程的目的,在于观察随着制造业生产力对整个社会生产力推动变化中,制造业对就业的吸引而引起非制造业就业变化的影响。如果制造业生产力增长率对社会生产力增长率的推动作用越大,即制造业增长率与 GDP 增长率的差距越大,制造业增长率的回归系数越小,则非制造业就业增长率的回归系数会越小,表明制造业强劲发展的过程中,吸引了大量就业从非制造业部门流向制造业部门。反之,如果制造业生产力增长率对社会生产力增长率的推动作用越小,即制造业增长率与 GDP 增长率的差距越小,制造业增长率的回归系数越大,则非制造业就业增长率的回归系数会越大,表明随着制造业对经济增长作用的减弱,就业从制造业部门流向非制造业部门。

制造业增长率与非制造业就业增长率对社会生产力增长率的回归方程如下:

$$YgPro = \beta_0 + \beta_1 gMan + \beta_2 gNMEmp + \varepsilon \tag{4.6}$$

式(4.6)中,gPro 代表社会生产力增长率;gMan 代表制造业增长率,以工业增长率替代;gNMEmp 代表非制造业部门就业增长率;ε 代表随机误差项。数据来源于历年《中国统计年鉴》,经笔者加以整理而成。回归分析结果如表 4.6 所示。

从表 4.6 中可以看出,社会生产力增长率与制造业增长率表现出一致性。从非制造业就业的回归系数可以发现:在社会总就业相对不变的情况下,当制造业增长率与社会生产力增长率的差异较大时,即制造业对经济增长的作用力更强时,制造业吸引了大量的就业,非制造业就业人口就会大量减少;而当制造业增长率与社会生产力增长率的差异逐步缩小时,非制造业就业人口表现出相对上升趋势。换言之,在总就业持续增长的过程中,制造业增长率与社会生产力增长率差距越大,制造业就业增长率将会大于非制造业就业增长率;反之,当制造业增长率与社会生产力增长率差距逐渐变小,非制造业就业增长率将会逐渐缩小与制造业就业增长率的差距,最终会在相对与绝对规模上超过制造业就业。

表 4.6 制造业增长率与非制造业就业增长率对社会生产力增长率的回归结果

	1978—2004 年	2005—2015 年
常量	3.905*** (4.132)	2.026** (2.359)
制造业增长率	0.513*** (7.798)	0.766*** (10.744)
非制造业就业增长率	-6.527 (-0.678)	-3.453 (-0.812)
R^2	0.794	0.925
诊断检验(p 值)		
J-B 正态分布检验	0.016	0.459
B-G LM 检验	0.011	0.488
White 检验	0.274	0.745
ARCH 检验	0.597	0.874
Ramsey Reset 检验	0.769	0.303

注:括号中为 t 值;*:$p<0.10$;**:$p<0.05$;***:$p<0.01$。按不变价计算(上年=100)。

4.3.2 制造业对农业就业的溢出效应分析

一般而言,一国或地区在加快工业化的进程中,必须依靠制造业快速发展才能成为现实。因此,工业化发展快速的国家或地区,制造业生产力增长率与整体社会生产力增长率的差距要大于工业化进程缓慢的国家或地区。总体上,在工业化初期阶段,一国或地区制造业增长率与社会生产力增长率的差异要大于服务业增长率与社会生产力增长率的差异,只有这样,制造业才能发挥经济增长引擎和动力的优势。进入工业化后期,则是服务业增长率与社会生产力增长率的差异接近,甚至要大于制造业增长率与社会生产力增长率的差异。

在制造业快速扩张时期,伴随而来的是制造业部门人均实际收入远高于非制造业部门,必然吸引就业从非制造业部门流向制造业部门。因此,制造业扩张对非制造业部门存在就业溢出效应,表 4.6 中回归分析结果也已经检验了制造业发展对非制造业部门就业的影响。不过,由于非制造业就业中包括了农业和服务业,而工业化后期的表现形式是服务业增长率上升,制造业增长率下降。如果仅以非制造业就业进行制造业溢出效应的分析,无法区分就业是从农业部门流出,还是从服务业部门流出。因此,为了更清楚地分析制造业增长率与非制造业就业的相关性,有必要把农业与服务业从非制造业部门中区分开来,进而分析制造业增长率与农业就业增长率的关系,以及服务业增长率与农业就业增长率的关系。

建立制造业增长率与农业就业增长率对社会生产力增长率的回归方程如下:

$$YgPro = \beta_0 + \beta_1 gMan + \beta_2 gAgriEmp + \varepsilon \tag{4.7}$$

式(4.7)中,gPro 代表社会生产力增长率;gMan 代表制造业增长率,以工业增长率替代;gAgriEmp 代表农业部门就业增长率;ε 代表随机误差项。数据来源于历年《中国统计年鉴》,经笔者加以整理而成。回归分析结果如表4.7所示。

表4.7 制造业增长率与农业就业增长率对社会生产力增长率的回归结果

	1978—2004 年	2005—2015 年
常量	4.171*** (4.742)	1.613 (1.231)
制造业增长率	0.483*** (7.019)	0.805*** (10.123)
农业就业增长率	-10.481 (-1.206)	-1.092 (-0.054)
R^2	0.801	0.932
诊断检验(p 值)		
J-B 正态分布检验	0.018	0.471
B-G LM 检验	0.016	0.185
White 检验	0.667	0.641
ARCH 检验	0.608	0.406
Ramsey Reset 检验	0.973	0.291

注:括号中为 t 值;*:p<0.10;**:p<0.05;***:p<0.01。按不变价计算(上年=100)。

从表4.7中可以看出,当以农业就业增长率替代非制造业就业增长率后,回归系数出现了较大的变化。首先,制造业增长率1978—2004年的回归系数为 0.483，小于表 4.6 中的 0.513；而 2005—2015 年的回归系数为 0.805，则大于表 4.6 中的 0.766。同时，农业就业增长率 1978—2004 年的回归系数为 -10.481，小于表 4.6 中非制造业就业增长率的 -6.527；而 2005—2015 年的回归系数为 -1.092，则又大于表 4.6 中非制造业就业增长率的 -3.453。从这些比较中可以发现，在制造业快速增长时期，制造业对农业部门从业人员就业吸引力也随之上升，非制造业中的就业变化主要是从农业部门流向制造业部门；而在制造业发展变缓时期，此时也是服务业快速扩张时期，需要大量的就业人员，制造业部门对农业部门从业人员的就业吸引力随之大幅下降，从农业部门流出的就业人口以更大的比例进入服务业。

从中国不同产业部门就业变化分析中可以发现，随着制造业的快速发展，制造业部门吸引了大量非制造业部门就业人员，其中农业部门人员流失尤为明显。在制造业初期发展阶段，需要吸纳大量的就业人员以保证制造业发展的需要，且从业标准较低，因而就业增长率较高。中国工业就业人口在 2012 年达到高峰，制造业就业人口在 2013 年达到高峰，随后出现逐渐下降的趋势。随着制造业的发展，当发展水平和就业规模已经达到一定程度时，制造业部门对从业人员的标准也在逐渐提高，从农业部门直接进入制造业越来越困难，此时从农业部门流出的就业人员则只能选择进入服务业。1978 年中国农业部门就业人员为 28318 万人，随后持续上升，至 1991 年到达阶段高峰，为 39098 万人，然后开始持续下降，至 2015 年为 21919 万人。农业部门就业人员的大规模流出，伴随的是工业和服务业就业人员的大幅增加，1991—2015 年农业部门流出 17179 万人，而在这个时期，工业部门增加就业人口 8678 万人。因此，农业部门流出就业人口远远超出工业部门吸纳的就业数，只有较小比例的农业从业人员进入工业部门，其余较大比例的农业从业人员则进入了服务业。

4.3.3 服务业对农业就业的溢出效应分析

制造业扩张对非制造业就业产生溢出效应，尤其对农业部门产生较强的就业溢出效应。随着制造业增速变缓，其对农业部门从业人员的就业吸引力出现大幅下降。此时，随着服务业快速发展，需要吸纳大量的就业，从中国历年服务业就业统计数据分析中，我们可以发现服务业就业一直保持上升趋势，1978 年服务业就业人数为 4890 万人，至 2015 年为 32839 万人。服务业就业人数的大幅增长，一方面在于随着制造业快速发展，需要相关人员从事配套服务，如物流、售后等；另一方面则可能是制造业和农业部门的就业人员大幅流向服务业。那么，服务业在吸引就业方面，是否与制造业有着相似的作用机制，能够吸引大量就业人员从农业部门流向服务业部门，需要进行二者的回归分析才能得出结论。

依照制造业对农业就业的溢出效应分析，建立服务业增长率与农业就业增长率对社会生产力增长率的回归方程如下：

$$YgPro = \beta_0 + \beta_1 gServ + \beta_2 gAgriEmp + \varepsilon \tag{4.8}$$

式（4.8）中，gPro 代表社会生产力增长率；gServ 代表服务业增长率；gAgriEmp 代表农业部门就业增长率；ε 代表随机误差项。数据来源于历年《中国统计年鉴》，经笔者加以整理而成。回归分析结果如表 4.8 所示。

表 4.8 服务业增长率与农业就业增长率对社会生产力增长率的回归结果

	1978—2004 年	2005—2015 年
常量	4.031 ** （3.523）	1.878（1.448）
服务业增长率	0.641 **（5.470）	0.811（10.069）**
农业就业增长率	－23.700 *（－2.576）	13.199（0.665）
R^2	0.729	0.931
诊断检验（p 值）		
J–B 正态分布检验	0.910	0.716
B–G LM 检验	0.099	0.266
White 检验	0.206	0.800
ARCH 检验	0.494	0.850
Ramsey Reset 检验	0.005	0.308

注：括号中为 t 值；* ：$p<0.10$；** ：$p<0.05$；*** ：$p<0.01$。按不变价计算（上年 = 100）。

从表 4.8 中可以看出，服务业整体上与制造业非常相似，服务业扩张对社会生产力的整体增长产生积极影响。在 1978—2004 年，服务业增长率对社会生产力增长率的回归系数为 0.641，农业就业增长率对社会生产力增长率的回归系数为 －23.700；2005—2015 年服务业增长率对社会生产力增长率的回归系数为 0.811，此时，农业就业增长率对社会生产力增长率的回归系数则为 13.199。这些表明，随着服务业增长率与社会生产力增长率差距的缩小，其对农业部门就业吸引力也在下降。

同时，对表 4.7 和表 4.8 中农业就业增长率变化的比较可以发现，在 1978—2004 年，尽管制造业发展迅速，但其对农业就业的溢出效应不如服务业。1991—2015 年农业部门流出 17179 万人，而在这个时期，工业部门仅增加就业人口 8678 万人，即使工业部门全部吸纳农业部门流出人员，也还有 8501 万人无法在工业部门就业。与此同时，服务业 1991—2015 年新增就业人数为 20462 万人，结合社会总就业人数的上升，那么从农业部门进入工业部门的就业人数会远远低于工业部门所吸纳的就业量，这意味着从农业部门流出的就业人员大部分进入了服务业部门。

制造业吸纳的农业就业人数低于服务业吸纳的农业就业人数，原因是多方面的。在制造业发展初期，大部分制造业属于低技术劳动密集型产业，对从业人员的标准处于较低层次，大部分从业人员经过初步训练就能达到制造业从业要求。此时虽然有大量的农业就业人数进入制造业部门，但制造业部门在很大比例上属于国有企业部门，因而对进入制造业部门的农业就业人员产生了极大的限制，部分农业就业人员因为制造业部门属于国有企业部门而无法进入。而随着工业化进程加快，制造业发展迅速，中高端制造业占比逐渐上升，需要具有一定技术的人员才能胜任制造业工作，对从业人员的标准也在迅速提高，大量从农业等非制造业部门进入制造业部门的人员远远达不到制造业从业标准。因此，虽然制造业对农业人员有巨大的就业吸引力，但在从业标准上制造业整体比早期服务业对从业人员的标准要高，因而存在更多达不到制造业从业标准的就业人员会选择从业标准相对更低的服务业。

随着制造业增速放缓，服务业进入快速发展时期，需要大量的就业人员，此时农业部门就业人员流向服务业部门的速度就会加快。同样，服务业也和制造业一样，经过早期加速发展阶段后，也开始逐渐进入稳定发展阶段，伴随而来的是服务业对就业人员的从业标准也出现了很大的变化，要求接受过专业学习和训练的人员才能胜任服务业工作，导致直接从农业部门进入服务业部门的就业人员也在逐渐减少，因而从农业部门流出的就业人员比例也在逐渐下降。

4.4 制造业产出占比影响因素与去工业化

4.4.1 全国人均 GDP 与制造业部门人均 GDP 比较

在前面部分，通过分析不同部门生产力增长率对 GDP 增长率的影响，发现了制造业、农业、服务业增长率对 GDP 增长率的作用存在差异，制造业对 GDP 的增长起到关键作用。同时，通过分析制造业对其他非制造业经济部门的就业溢出效应，发现了在工业化初期阶段，制造业能够吸引大量的农业就业人员，但随着工业化的推进，制造业对就业人员的要求也逐渐提高，其对农业就业人员的吸引力也逐渐下降，更多的就业人员流向服务业。

为了对制造业与经济增长的相关性有一个完整的理解，以及制造业产出与就业的下降所带来的对工业化进程的影响，我们需要考察制造业生产力所发生的变化。正如我们所提到的那样，生产力是理解部门劳动就业、工资水平及向更高级工业化阶段过渡的关键因素，因为它支撑了更复杂产品的生产。

部门人均 GDP 可以反映出部门平均劳动生产率的高低，同样，全国人均 GDP 可以反映出全国平均劳动生产率的高低。通过分析部门人均 GDP 和全国人均 GDP 的变化趋势，能够清晰地区分生产部门平均劳动生产率和全国平均劳动生产率的差异。2004—2015 年全国人均 GDP 和制造业部门人均 GDP 对数值变化趋势比较分析如图 4.2 所示。

从图 4.2 中可以看到，制造业部门人均 GDP 对数值始终远远高于全国人均 GDP 对数值，表明制造业部门平均劳动生产率远远高于全国平均劳动生产率。制造业人均 GDP 一直呈上升趋势，然后在 2012 年出现下降，2013 年又开始呈上升趋势，这表明制造业部门平均劳动生产率一直保持较为稳定的上升趋势，在 2012 年出现短暂的停滞后，又重拾增长趋势。由于制造业在国民经济中起到引擎和动力的作用，制造业部门劳动生产率出现波动，必然引起 GDP 增长率发生变化。

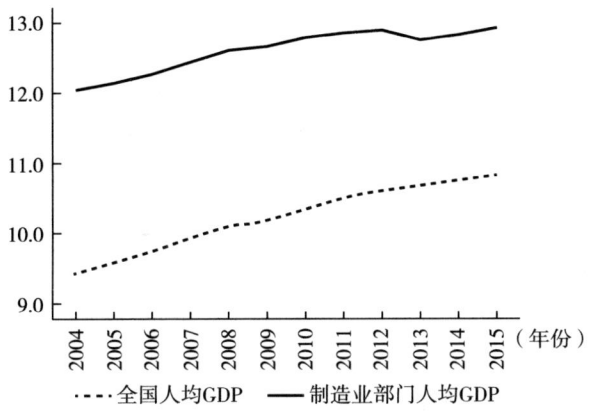

图 4.2　全国人均 GDP 和制造业部门人均 GDP 对数值

资料来源:《中国统计年鉴》,按当年价格计算。

结合中国 GDP 增长率分析,2011 年 GDP 增长率为 9.5%。进入 2012 年,GDP 增长率出现较大幅度下降,为 7.9%。而后,GDP 增长率继续维持下降趋势,至 2015 年为 6.9%,这说明了制造业劳动生产率的波动引起了 GDP 增长率的变化,验证了制造业在 GDP 增长过程中起到了关键作用。

4.4.2　计量模型选择和数据处理

去工业化最为明显的特征主要包括两个方面:一是制造业产出占总产出的比重出现下降趋势;二是制造业就业人数占总就业人数的比重出现下降趋势。因而,在评价去工业化的影响因素时,一般会选择以制造业产出占 GDP 比重和制造业就业人数占总就业人数比重作为测定去工业化的两个因变量。

对制造业产出占 GDP 比重建立回归方程:

$$\text{LManOutp} = \beta_0 + \beta_1 L(Y) + \beta_2 L(Y)^2 + \beta_3 L(FCF) + \beta_4 L(TRADE) + \varepsilon \quad (4.9)$$

式(4.9)中,ManOutp 代表制造业产出占 GDP 比重;Y 代表实际人均收入;FCF 代表固定资本形成占 GDP 比重;TRADE 代表制造业进出口贸易占 GDP 比重;ε 代表随机误差项;L 代表取对数。所有数据来源于历年《中国统计年鉴》和《中国统计摘要》,经笔者加以整理而成。

(1)因变量,即被解释变量。本书在度量去工业化影响因素时,分别通过分析制造业增加值占 GDP 比重的影响因素和制造业就业人数占社会总就业人数比重的影响因素来进行综合评价。本模型中只度量制造业增加值占 GDP 比重的影响因素,因变量为制造业增加值占 GDP 比重。

(2) 自变量,即解释变量。本模型自变量包括城镇居民实际可支配收入、固定资本形成、贸易开放性。其中城镇居民实际可支配收入取对数,还要对其取平方后再求取对数纳入自变量中,这样处理的原因在于人均实际可支配收入与制造业需求之间可能存在倒 U 形关系,故对实际人均收入有必要求取 $L(Y)^2$。固定资本形成以企业固定资本形成总额占 GDP 的比例,然后取对数进行表示。贸易开放性以进出口总额占 GDP 的比例,然后取对数进行表示。

发达国家去工业化的经验已经表明,人均实际收入是影响去工业化的重要因素,人均收入与制成品需求之间存在倒 U 形关系。因此,在回归方程中纳入人均实际收入。随着一个国家或地区进入后工业化阶段,人们实际收入处于较高水平,有能力支出较高层次的服务消费需求。服务消费需求大多是一次性的,人们每次消费都需要重复支出,而制造业产品由于使用期限较长,人们只要一次支出,就能够保持很长时间不再出现相同的消费支出。因此,人均实际收入是反映是否出现了去工业化现象的重要预测变量,本模型中引入人均实际收入,有望揭示这一变量与制造业份额之间是否存在倒 U 形关系。同时,人均实际收入的变化,也将证实制造业需求的收入弹性大于 1 的理论论证。

选取固定资本形成,而不是全社会固定资产投资作为解释制造业产出占 GDP 份额的自变量之一,在于一个国家或地区的固定资本形成主要来自制造业。如果固定资本形成总额占 GDP 的比例越大,意味着该国或地区还处于投资主导型经济,投向于制造业的比例也越大,因而制造业部门也可能随着固定资本形成占比的增加而产出份额出现上升。至 2015 年,全世界资本形成占 GDP 比重的平均值约为 26%,美国为 20%,日本为 24%,中国则高达 45%,从长期趋势和当前水平分析,中国还没有扭转投资主导型经济的特征。同时,制造业投资在统计上往往被纳入终端需求,但从经济意义上分析,制造业投资只能是中间需求,是由更加终端的需求来决定。当终端需求回升时,制造业并不会马上就追加新增投资,而是现存既有产能将会首先得到更加充分的利用,之后才是追加新增投资。供给并不必然就会产生需求,供给面的变化只不过是制造业投资回升的必要条件,而不是充分条件。因此,选用固定资本形成而不是全社会固定资产投资，反而能够精准地反映出因投资而带来制造业产出的变化趋势。

同时，预计贸易开放将对制造业产出产生积极的影响，因为它可以增加对制成品的需求。西方发达国家和其他发展中国家出现的去工业化现象，均表明了贸易开放在去工业化中存在重要影响。当然，制造业产出也可能受到相对价格、企业利润等因素的影响，但相对价格、企业利润等因素的最终影响效果无法确定，因为这些因素的影响力可能是积极的，也可能是消极的。

本书在分析制造业产出占比影响因素时，为了与前面的分析保持一致，分为1978—2004年、2005—2015年两个阶段计算，同时也是因为从2005年起，中国存在部分省份工业增加值（不包括建筑业）占GDP比重出现长期下降趋势。从表4.9中可以看到，北京、天津、山西、上海、江苏、浙江、山东、广东、海南、重庆、甘肃、宁夏等省份在2005年和2007年先后开始出现工业增加值占GDP比重下降趋势。因此，采用1978—2004年、2005—2015年两个阶段分析制造业产出份额的变化，更有可能得出符合客观实际的结果。

表4.9 中国部分省份工业增加值占GDP比重　　单位：%

	2005年	2007年	2009年	2011年	2013年	2015年
北京	24.5	21.2	19.0	18.8	18.0	16.1
天津	50.1	50.7	48.2	48.0	46.3	42.2
山西	50.1	52.5	47.8	53.0	47.3	34.2
上海	43.7	41.3	36.0	37.6	32.7	28.5
江苏	50.8	50.4	47.4	45.4	42.7	39.9
浙江	47.3	48.5	45.4	44.4	41.9	40.2
山东	51.3	51.5	49.8	46.9	43.9	41.1
广东	46.5	47.0	45.5	45.7	43.0	41.6
海南	19.3	22.2	17.6	18.8	14.9	13.1
重庆	37.3	38.9	36.9	36.1	36.2	35.4
甘肃	35.5	39.3	36.2	36.9	34.1	26.2
宁夏	34.8	40.5	39.7	38.9	36.7	33.7

资料来源：《中国统计年鉴》。

4.4.3 计量模型估计结果与讨论

制造业产出占 GDP 比重回归分析结果如表 4.10 所示。从表 4.10 中可以看出，在两个方程中，人均实际收入回归系数都是绝对值最大，表明人均实际收入确实是影响制造业产出的重要因素。人均实际收入平方的对数值与人均实际收入的回归系数均存在相反关系，则验证了人均实际收入与制造业产出存在倒 U 形关系。在第 3 章中国去工业化现状的分析中，已经发现中国目前还没有出现总量去工业化，但存在区域性去工业化。本书回归分析表明人均收入与制造业产出的倒 U 形关系，也证实了这个结论，即中国已经有部分省份或地区存在去工业化现象。

表 4.10 制造业产出占 GDP 比重回归分析结果

	1978—2004 年	2005—2015 年
常量	−0.005（−0.019）	−4.563（−3.767）**
L（Y）	0.299（2.269）**	2.121（3.831）**
L（Y）^{2}	−0.055（2.913）**	−0.260（−4.034）***
L（FCF）	0.275（2.969）**	0.264（3.337）**
L（TRADE）	0.183（4.006）***	0.200（6.312）***
R^2	0.672	0.993
诊断检验（p 值）		
J−B 正态分布检验	0.481	0.786
B−G LM 检验	0.023	0.447
White 检验	0.335	0.636
ARCH 检验	0.556	0.561
Ramsey Reset 检验	0.392	0.268

注：括号中为 t 值；*：$p<0.10$；**：$p<0.05$；***：$p<0.01$。按不变价计算（上年 = 100）。

固定资本形成对制造业产出有积极的影响，这表明随着社会固定资本形成总额扩大，制造业产出也会增加。不过，随着制造业劳动生产率的提高，固定资本形成对制造业产出的影响也在下降。1978—2004 年固定资本形成的回归系数为 0.275，大于 2005—2015 年回归系数 0.264，表明随着制造业飞速发展，劳动生产率大幅提高，制造业能够在较低的固定资本形成下就获得较高的产出，因而固定资本形成对制造业产出的影响也逐渐下降。

贸易开放对制造业产出有积极的影响，随着对外贸易的扩大，国外市场对出口制成品需求随之上升，制造业产出也相应增加。在国际贸易扩大的同时，中国也在逐步扩大对外生产性投资，许多产品采取直接在当地生产当地销售的模式，众多制造业企业纷纷扩大对外生产性投资，这对国内自身制造业产出产生了一些消极的影响，但从回归分析结果看，贸易开放的积极影响大于消极影响，1978—2004 年贸易开放的回归系数为 0.183，小于 2005—2015 年的回归系数 0.200，也间接说明了这一点。

4.5 制造业就业占比影响因素与去工业化

4.5.1 计量模型选择和数据处理

制造业就业人数占总就业人数比重是度量去工业化的一个重要指标。制造业就业比重的下降，一方面反映了制造业在经济中的地位和作用发生了改变；另一方面则在于制造业劳动生产率大幅提升，制造业只需要较少比例的劳动力就可以达到以前更多劳动力的产出。

对制造业就业比重建立回归方程：

$$LManEmp = \beta_0 + \beta_1 L(Y) + \beta_2 L(Y)^2 + \beta_3 L(I) + \beta_4 L(TRADE) + \varepsilon \quad (4.10)$$

式（4.10）中，ManEmp 代表制造业就业人数占总就业人数比重；Y 代表实际人均收入；I 代表全社会固定资产投资占 GDP 的比例；TRADE 代表制造业进出口贸易占 GDP 比重；ε 代表随机误差项；L 代表取对数。所有数据来源于历年《中国统计年鉴》和《中国统计摘要》，经笔者加以整理而成。

（1）因变量，即被解释变量。本模型的被解释变量为制造业就业人数占总就业人数的比重。

（2）自变量，即解释变量。本书在分析制造业就业占总就业份额的影响因素时，分别以城镇居民实际可支配收入、全社会固定资产投资、贸易开放性作为自变量。同样，城镇居民实际可支配收入包括两个部分：一个是单独取对数后作为自变量之一；另一个是平方后取对数纳入方程。全社会固定资产投资以全社会固定资产投资占 GDP 的比例来表示。贸易开放性选取进出口总额占 GDP 的比例来表示。

采用人均实际收入作为第一个引入回归方程的变量，同样在于一方面随着人均实际收入的增加，社会对制成品的需求逐渐达到稳定，人们逐渐选择较少的制成品消费，导致制造业不需要与以前一样增加劳动力来扩大生产；另一方面随着人均实际收入增加后，人们不再像以前那样追求从事制造业工作以获得更高的工资收入，甚至有大量的就业人员从制造业中流出，寻求其他非制造业部门的工作。

选取全社会固定资产投资占 GDP 的比重，而不是固定资本形成总额占 GDP 的比重来作为制造业就业份额的解释变量之一，原因在于制造业是典型资本密集型产业，所以任何投资的增加都有可能使制造业扩大生产规模，因而随着生产规模的扩大需要吸纳更多的就业人员，从而使就业受益，特别是对于就业不足的发展中经济体更是如此。当然，全社会固定资产投资也可能使产出受益，因为增加生产能力，同时也会增加对制成品的需求。然而，尤其要强调的是，由于资本、设备和其他资本投入可以通过进口来完成，发展中经济体制造业的更高投资可能不会如预期的那样，通过需求对产出产生重大影响。这与发达经济体可能发生的情况形成鲜明对比。正如我们已经提到的那样，投资与发展中经济体特别相关，因为这是推动经济起飞最需要的。

选取进出口贸易占 GDP 比重作为自变量之一，在于随着出口贸易的扩大，制造业需要更多的劳动力来生产大量的制成品以满足出口；而进口贸易的扩大，则往往伴随制造业萎缩，需要裁减大量的就业岗位。

前面在分析制造业产出占 GDP 比重的影响因素时，依据中国各省份工业增加值占 GDP 比重在 1978—2015 年的变化趋势，发现了部分省份从 2005—2007 年开始工业增加值占 GDP 比重出现逐年持续下降现象，因此划分为 1978—2004 年、2005—2015 年两个阶段计算。

同样，在分析制造业就业人数占总就业人数比重的影响因素时，有必要先分析中国各省份制造业就业比重变化趋势。从表 4.11 中可以看出，从 2005—

2007年开始,北京、天津、河北、山西、内蒙古、辽宁、黑龙江、上海、江苏、浙江、福建、山东、重庆、贵州、陕西、甘肃、宁夏等省份制造业就业人口占总就业人数比重出现了明显地持续下降趋势。在这些省份中,北京、黑龙江、浙江、福建、贵州、甘肃等下降趋势较大。

表4.11　中国部分省份制造业就业人数占总就业人数比重　　　单位:%

	2005年	2007年	2009年	2011年	2013年	2015年
北京	20.25	18.83	16.07	15.72	13.94	11.86
河北	24.28	24.51	23.26	23.51	23.00	21.89
山西	20.03	20.20	18.09	17.13	15.75	14.85
内蒙古	18.10	16.96	15.38	15.24	15.63	15.66
辽宁	30.25	29.40	28.65	28.92	26.05	24.35
黑龙江	20.90	19.64	16.76	14.09	13.90	13.24
上海	35.62	38.69	36.51	37.56	34.23	30.27
江苏	40.01	44.16	42.73	43.60	36.95	38.35
浙江	38.30	42.70	40.92	37.83	33.40	30.51
福建	50.04	50.54	47.77	47.46	39.22	35.52
山东	37.79	38.28	36.56	35.43	33.88	33.76
重庆	25.10	24.12	23.08	23.61	21.49	21.70
贵州	19.80	19.62	17.06	16.55	15.64	13.82
陕西	25.79	24.97	23.33	21.62	21.35	20.40
甘肃	22.75	20.41	20.00	17.01	15.27	13.60
宁夏	18.94	19.24	18.07	17.75	17.46	17.51

资料来源:《中国统计年鉴》。

制造业就业人数占社会总就业人数比重是衡量一个国家或地区是否出现去工业化的重要指标,以2015年为例,美国制造业就业比重为10.31%,英国为9.56%,法国为12.21%,意大利为18.34%,德国为19.37%,日本为16.24%。因此,制造业就业比重过低,则表明制造业在经济中的地位和作用受到了严重的削弱。从表4.11中可以发现,至2015年制造业就业比重持续下降且低于15%的省份包括北京、山西、黑龙江、贵州和甘肃等。

依据表4.11可以看出,从2005—2007年开始,中国部分省份制造业就业人数占总就业人数比重出现持续下降趋势,且在分析制造业产出比重的影响因素时划分为1978—2004年和2005—2015年两个阶段。因此,在分析制造业就业比重的影响因素时,也有必要划分为1978—2004年和2005—2015年两个阶段来进行比较。

4.5.2 计量模型估计结果与讨论

制造业就业人数占总就业人数比重的回归分析结果如表4.12所示。从表4.12中可以看出,人均实际收入对制造业就业人数占社会就业人数比重回归系数分别为0.943和4.953,而人均实际收入平方值对制造业就业人数占社会就业人数比重回归系数分别为-0.134和-0.558,表明人均实际收入与制造业就业比重也存在倒U形关系。对人均实际收入在制造业产出比重与就业比重的回归系数进行比较,可以发现人均实际收入在制造业就业比重的回归系数要大于产出比重的回归系数,这表明人均实际收入对制造业就业影响要大于制造业产出。当人均实际收入不高时,人们选择进入相对较高收入的制造业以获取更高的收入;而随着收入的提高,人们选择从制造业流出,导致制造业就业比重的相对下降。但对于制造业产出,人们收入的提高,制造业就业人员的流出确实会影响到产出,但随着制造业的飞速发展,很多操作在逐步实现无人化,即使就业人员不主动流出,制造业部门也会削减部分因自动化操作而富余出来的劳动力。因此,总体上看,人均实际收入的变化对制造业就业的影响大于对制造业产出的影响。

固定资产投资对制造业就业有积极的影响,即随着固定资产投资的增加,制造业就业也随之上升。不过,随着制造业劳动生产率的提高,固定资产投资增加,可能不但不会增加制造业就业,反而会使制造业就业机会减少,这从固定资产投资的回归系数可以得到说明。1978—2004年固定资产投资的回归系数为0.180,且在5%的水平统计检验显著,2005—2015年固定资产投资的回归系数为0.169,且统计检验不显著,这恰恰说明了随着制造业劳动生产率的提高,固定资产投资对制造业就业的影响在削弱。

表 4.12 制造业就业比重回归分析结果

	1978—2004 年	2005—2015 年
常量	-2.241 (-8.541)***	-11.419 (-9.228)***
L(Y)	0.943 (6.577)***	4.953 (8.159)***
L(Y)²	-0.134 (-6.555)***	-0.558 (-7.581)***
L(I)	0.180 (2.758)**	0.169 (1.230)
L(TRADE)	0.062 (1.329)	0.175 (2.323)**
R²	0.898	0.990
诊断检验（p 值）		
J-B 正态分布检验	0.605	0.854
B-G LM 检验	0.001	0.791
White 检验	0.336	0.845
ARCH 检验	0.432	0.412
Ramsey Reset 检验	0.265	0.294

注：括号中为 t 值；*：$p<0.10$；**：$p<0.05$；***：$p<0.01$。按不变价计算（上年=100）。

贸易开放性对制造业就业有积极的影响，即随着进出口贸易的扩大，制造业国外市场扩大，增加了对制成品的出口量，需要更多的就业人员来从事制造业生产以满足制成品逐渐扩大的国际市场需求。比较贸易开放对制造业产出与就业的影响，发现贸易开放对制造业产出的回归系数要大于就业的回归系数，本书认为，中国制造业产品国内市场需求已经较为稳定，而国际市场还存有非常庞大的份额。中国在对外贸易中，具有发达国家不具备的优势，既可向发达国家出口，占领这些国家制成品中、低端市场，还可向其他发展中国家和落后国家出口，占领这些国家制成品中、高端市场。因此，尽管随着贸易开放扩大，更多国内企业走出去进行生产性投资，从而对国内制造业产出的影响变小，但还是要大于对制造业就业的影响。

4.6 本章小结

本章对中国去工业化原因进行了分析。在分析时，我们认为中国区域性去工业化表现为国内产能不变，甚至保持持续增长，同时对外投资出现持续增长，实现国内、国外市场保持竞争地位。中国出现区域性去工业化现象，既与中国经济发展不平衡有关，更与制造业自身劳动生产率的提高，以及制造业对非制造业部门产生的溢出效应有关。因此，分析中国去工业化原因时，主要从四个方面开展研究工作：一是分析了不同部门生产力增长率对 GDP 增长率的影响；二是分析了制造业对其他经济部门的溢出效应；三是对制造业产出占 GDP 比重的影响因素进行了分析；四是对制造业就业人数占社会总就业人数比重的影响因素进行了分析。

制造业是经济增长的引擎和动力，主要原因在于制造业劳动生产率远高于非制造业部门。本章通过分析不同部门生产力增长率对 GDP 增长率的影响，发现了制造业的需求收入弹性不如服务业的需求收入弹性变化大，在 2005—2015 年，随着人均实际收入的大幅增加，制造业的需求收入弹性出现大幅下降，而服务业的需求收入弹性保持上升趋势。1978—2004 年，制造业增长率与 GDP 增长率之差为 1.99%，同期，农业增长率与 GDP 增长率之差为 −5.20%，服务业增长率与 GDP 增长率之差为 1.14%；2005—2015 年，制造业增长率与 GDP 增长率之差为 0.31%，同期，农业增长率与 GDP 增长率之差为 −5.46%，服务业增长率与 GDP 增长率之差为 0.63%。制造业、农业和服务业增长率对 GDP 增长率的回归分析验证了这个结果。

由于制造业的劳动生产率远高于非制造业部门，制造业部门人均 GDP 也远远高于全国人均 GDP。在发展初期，制造业部门对就业人员的从业门槛相对较低，且制造业部门人均收入高于非制造业部门，因此制造业部门对非制造业部门产生了溢出效应，以农业部门为代表的大量劳动力和生产资源涌入制造业部门。随着生产技术的快速发展，制造业部门劳动生产率大幅提高，同等程度下只需要更少的劳动力就能完成以前需要更多劳动力才能完成的生产任务，且制造业部门对就业人员的从业标准在不断提高，这样促使部门劳动力主动或被动地从制造业部门流出，进入服务业等非制造业部门。随着制造业的快速发展，服务业也在逐渐兴起，并且此时服务业的从业门槛与制造业发展初期类似，处于较低的层次，从业人员不需要专门的培训就能胜任工作，因而引起大量的劳动力和生产资源进入服务业。本章通过制造业增长率对非制造业就业增长率的回归分析、制造业增长率与农业就业增长率的回归分析、服务业增长率与农业就业增长率的回归分析,证实了制造业部门对非制造业部门存在溢出效应。

制造业增加值占 GDP 比重的下降,是制造业在经济中的作用和影响出现下降的核心指标之一。发达国家去工业化的经验表明人均实际收入与制造业增加值占 GDP 比重存在倒 U 形关系,即在工业化初期,制造业增加值占 GDP 比重与人均实际收入均是呈上升趋势,到了工业化后期,在人均实际收入达到某一界限时,社会对制成品的需求也开始出现下降,转而追求服务消费,此时制造业增加值占 GDP 比重开始出现持续下降趋势。社会固定资本形成总额主要出现在制造业部门,因此,社会固定资本总额对制造业产出存在重要的影响。随着经济全球化的加速,制成品进出口贸易对世界各国的制造业产生了重要的影响。本章通过回归分析,发现人均实际收入、社会固定资本形成和进出口贸易是影响中国制造业产出的重要因素。

制造业就业人数占总就业人数比重是度量去工业化的另一个核心指标。人们选择去制造业部门就业,与制造业相对较高的收入相关。当人均实际收入较高时,制造业就业吸引力开始出现下降,因此,制造业就业与人均实际收入也存在倒 U 形关系,这在发达国家去工业化的经验中得到了证实。制造业是资本集聚产业,随着社会固定投资的增加,制造业扩大生产需要吸纳更多的劳动力。同时,进出口贸易扩大,需要更多的劳动力来生产才能满足出口需要。本章通过回归分析,发现了人均实际收入、社会固定资产投资和进出口贸易是影响中国制造业就业变化的重要因素。

5 中国去工业化特征与影响分析

5.1 中国去工业化特征

去工业化属于工业化、后工业化、去工业化、再工业化发展路径中的一环。去工业化本质上是资本逐利下资本对劳动的剥削,是发达国家产业资本在全球寻找低成本生产洼地的过程。在发达国家去工业化的过程中,随着贸易全球化进程加快,这些国家的产业资本借助新国际劳动分工模式,向具有低成本劳动力优势的发展中国家实施产业转移,形成了以美国为首的全球产业分工格局。在这种产业分工格局下,美国控制产业链的高端,德国和日本等国家控制产业链的中端,中国等新兴国家则位于产业链低端(苏立君,2017)。由于美国处于产业链的高端,因而在价值链的分配中,美国所占份额也最高。高端制造业由于实现了高度自动化操作,属于技术密集型工作,操作自动化程度较高,对就业人员的专业性要求更高,吸纳的就业人数就更少,从而有更多的就业人员流出,导致高端制造业部门就业人数占总就业比重出现持续下降趋势。同时,美国保留位于产业链高端的制造业,也必然引起中低端制造业的投资机会和就业岗位流出,而随着人均实际收入的上升,劳动力成本大幅增加,从中低端制造业流出的生产资源主要流向服务业和低技能就业部门,引起服务业和低技能就业部门的兴起和繁荣。

表 5.1　经济全球化下全球生产链和价值链分布

	美国	德国、日本等	中国等
产业链	高端	中端	低端
价值链	高	中	低
吸纳就业	低	中	高

从 20 世纪 50 年代起，美国开始向日本、德国等国家和地区实施产业转移，转出产业主要为钢铁、纺织等资源和劳动密集型产业，标志美国去工业化的开始。进入 20 世纪 60—70 年代，日本、德国等国家和地区也开始出现去工业化趋势，此时美国、日本、德国等逐步向中国台湾、新加坡、韩国、中国香港等亚洲"四小龙"及其他新兴工业化国家和地区实施产业转移，转出产业主要为轻工、机电、造船等劳动和资本密集型产业。到了 20 世纪 80 年代，伴随着中国等国家实施对外开放政策，产业转移的国家和地区逐渐扩大，亚洲"四小龙"等也加入产业转移中，此时表现为美国、日本、亚洲"四小龙"等国家和地区向以中国为代表的发展中国家实施产业转移，转出产业主要为轻工、机电等劳动和资本密集型产业，还包括纺织等资源和劳动密集型产业，并开始出现通信、电子等一般技术密集型产业。2008 年金融危机后，世界产业转移发生了巨大的变化，不但发达国家出现产业转移，以中国为代表的发展中大国也逐渐开始出现产业转移，此时表现为发达工业化国家继续向发展中国家实施产业转移，发展中大国向其他发展中国家实施产业转移，发展中国家内部出现产业转移，从发达地区向相对欠发达地区实施产业转移，如中国内地从东部沿海地区向中西部地区实施产业转移，转出产业主要包括劳动密集型和资本密集型产业，以及部分技术密集型产业。

作为发展中大国，中国目前还没有出现总量去工业化现象，但已经出现了区域性去工业化现象。中国出现的区域性去工业化与发达国家的去工业化存在本质区别，也不同于其他发展中国家的早熟去工业化。中国的区域性去工业化表现为国内产能保持不变，甚至出现持续增长，同时对外生产性投资出现持续增长，国内、国外两个市场同时保持竞争力。因此，我们认为中国对外直接投资，尤其针对其他发展中国家持续增长的直接投资，是中国区域性去工业化的主要表现形式，是一种与发达国家不同的去工业化，也与其他发展中国家的早熟去工业化存在本质区别。中国这种区域性去工业化不是狭义去工业化意义上的产业转移，而是一种新形式的产业扩张，属于广义的去工业化。

广义去工业化是在新国际劳动分工和经济全球化竞争下，国内产能保持不变，甚至持续增长的情形下，富余产业资本走出国门，选择具有比较优势的国家和地区，获取最廉价的要素组合，进行对外直接生产性投资，形成国内、国外两种生产途径并存，进而占领全球市场。从这个层面分析，中国企业走出去投资属于广义去工业化范畴。广义去工业化还有一个十分明显的特征：在对外直接投资出现快速增长时，并没有出现制造业产品国外投资生产，而后大量返销国内的现象。

中国当前出现的去工业化现象，其主要特征在于将具有技术比较优势的产业在国外投资直接生产，直接销售，产品不返销国内，而西方发达国家去工业化则是境外生产，返销国内，这是中国区域性去工业化区别于西方发达国家狭义去工业化的主要标志，也是中国区域性去工业化与发达国家及其他发展中国家去工业化现象的一个本质区别。从中国历年对外直接投资及吸引外商直接投资的变化趋势中可以发现这点。

5.1.1 对外直接投资呈现强劲增长趋势

中国区域性去工业化首先表现为对外直接投资呈现强劲增长趋势。一个国家或地区的对外直接投资，尤其对外直接生产性投资，以及与制造业相关的生产性服务业对外直接投资，是评价该国或地区出现了去工业化现象的重要标志。从中国对外直接投资的变化中，可以发现，中国区域性去工业化现象已经较为明显。

近几年来，尽管全球经济低迷，但2015年全球外国直接投资流入总量却上升了38%，创下2008年全球金融危机爆发以来的最高水平。2015年全球外国直接投资流出总量同比增长接近12%，创下2011年以来的最好成绩。在这种全球对外直接投资大幅增长的趋势下，中国对外直接投资更是保持连续的大幅增长。

从表5.2中可以看到，中国对外直接投资在2002—2015年出现了持续增长。至2015年时中国对外直接投资流量已经增长了近53倍。2002—2015年中国对外直接投资年均增长速度高达36.0%，远远超过同期其他国家对外直接投资增长速度。2002年中国对外直接投资流量还只是排在全球第26位，至2015年全球排名则已经高居第2位，仅低于美国的对外直接投资流量，远远高于日本等发达国家。中国对外直接投资存量也以非常快的增速得到发展。2002年，中国对外直接投资存量还只有299.0亿美元，在全球排名还处于第25位。而至2015年，中国对外直接投资存量则达到10978.6亿美元，增长了35倍多，全球排名第8位。

表5.2 中国历年对外直接投资统计数据分析

年份	对外投资流量			对外投资存量	
	金额（亿美元）	全球排名	同比（%）	金额（亿美元）	全球排名
2002	27.0	26	—	299.0	25
2003	28.5	21	5.6	332.0	25
2004	55.0	20	93.0	448.0	27
2005	122.6	17	122.9	572.0	24
2006	211.6	13	43.8	906.3	23
2007	265.1	17	25.3	1179.1	22
2008	559.1	12	110.9	1839.7	18
2009	565.3	5	1.1	2457.5	16
2010	688.1	5	21.7	3172.1	17
2011	746.5	6	8.5	4247.8	13
2012	878.0	3	17.6	5319.4	13
2013	1078.4	3	22.8	6604.8	11
2014	1231.2	3	14.2	8826.4	8
2015	1456.7	2	18.3	10978.6	8

资料来源：2002—2005年的数据为中国对外非金融类直接投资数据，2006—2015年为全行业对外直接投资数据。

5.1.2 中国对外直接投资主要面向发展中经济体

中国区域性去工业化表现为中国对外直接投资的对象与美国、日本等发达国家不同。中国的对外直接投资更多是投向发展中经济体，中国在这些发展中国家更具有技术的比较优势，这从中国历年对外直接投资增长变化趋势中可以得到解释。

从表 5.3 中可以看到，2013 年中国对以美国为代表的发达经济体直接投资额为 138.3 亿美元，占当年对外直接投资流量的 12.8%；对转型经济体直接投资额为 22.8 亿美元，较 2012 年出现大幅下降，仅占当年对外直接投资流量的 2.1%；但对发展中经济体直接投资额则出现了 31.0% 的增长幅度，为 917.3 亿美元，占对外直接投资流量的 85.1%，同比达到了对发达经济体对外直接投资流量的 6.6 倍。2014 年投向发达经济体的金额虽然同比增长为 72.3%，但也只是占到当年流量的 19.4%，不到五分之一；对转型经济体的投资为 16.1 亿美元，同比再次出现大幅下降，占对外直接投资流量的比重更是只有 1.3%；而对发展中经济体的投资继续保持增长趋势，为 976.8 亿美元，占到当年流量的 79.3%，是发达经济体的 4.1 倍。

表 5.3　中国对经济体直接投资流量构成

经济体	金额（亿美元）	同比（%）	比重（%）
2013 年			
发达国家经济体	138.3	2.4	12.8
发展中经济体	917.3	31.0	85.1
转型经济体	22.8	-46.8	2.1
2014 年			
发达国家经济体	238.3	72.3	19.4
发展中经济体	976.8	6.5	79.3
转型经济体	16.1	-29.1	1.3

注：经济体划分标准同联合国贸发会议《世界投资报告》。

对历年中国对外直接投资存量进行分析，我们同样发现，中国对外直接投资主要面向发展中经济体。至 2015 年末，中国对发展中经济体的直接投资存量已经达到 9208.8 亿美元，占中国对外直接投资存量的 84.0%。而对发达经济体的对外直接投资存量为 1536.5 亿美元，仅占中国对外直接投资存量的 14.0%。同时，中国对转型经济体的对外直接投资存量更是只有 233.2 亿美元，远远低于中国对发展中经济体和发达经济体的对外直接投资存量，仅占到中国对外直接投资存量的 2.0%。

从中国对外直接投资流向全球各大洲的流量看,至2015年,中国对亚洲和美洲地区的投资一直呈现快速增长趋势,对其他地区的投资则出现了不同程度的下降趋势,尤其对欧洲、欧盟等的投资下降趋势十分明显。从表5.4中国对全球各大洲对外直接投资流量分布额中可以发现,2015年中国对外直接投资中流向亚洲地区为1083.7亿美元,较2014年增长了27.5%,占当年中国对外直接投资流量的74.4%。同时,2015年中国对外直接投资中流向拉丁美洲地区为126.1亿美元,较2014年增长了19.6%,占当年中国对外直接投资流量的8.6%。不过,2015年中国对外直接投资中流向非洲地区下降为29.8亿美元,较2014年下降了7.0%,占当年中国对外直接投资流量的2.0%,远低于中国流向其他洲的对外直接投资。同时,流向欧洲的投资同比下降了34.3%,流向大洋洲的投资同比下降了10.7%,这些意味着中国对外投资主要流向了发展中经济体。

表5.4 2015年中国对外直接投资流量分布情况

洲别	金额(亿美元)	同比(%)	比重(%)
亚洲	1083.7	27.5	74.4
欧洲	71.2	-34.3	4.9
拉丁美洲	126.1	19.6	8.6
北美洲	107.2	16.4	7.4
大洋洲	38.7	-10.7	2.7
非洲	29.8	-7.0	2.0
总计	1456.7	18.3	100.0

资料来源:中国外资统计。

在中国对外直接投资快速增长时,中国实际使用外资也一直处于全球高位。以2015年为例,当年中国实际使用外资金额达到1356亿美元,较2014年增长了6%,在全球排名位于第3位。2015年中国对外直接投资流量总计1456.7亿美元,较当年吸引外商直接投资高出100多亿美元,首次实现了自对外直接投资和引进外来直接投资以来的资本净输出,这也是中国出现区域性去工业化现象的有力证明。随着中国综合国力不断提升,参与全球化步伐加快,"一带一路"建设和国际产能合作加速,对外投资政策体系不断得以完善，中国对外直接投资得到了持续加速，这些从中国对外投资流向变化趋势中也得到了验证。

5.1.3 制造业和生产性服务业的对外直接投资呈现大幅增长

从中国制造业及相关生产性服务业对外直接投资的变化中也可以看出中国区域性去工业化与其他发展中国家早熟去工业化存在明显不同，但与发达国家去工业化存在一些共同之处。巴西、马来西亚等发展中国家出现的早熟去工业化，制造业和生产性服务业的对外直接投资并没有出现大幅增长，而是国内制造业和生产性服务业的大幅下降。发达国家在去工业化的过程中，随着制造业对外投资大幅增长，生产性服务业对外投资也随之出现持续增长趋势，这是因为生产性服务业与制造业紧密相连，发展制造业必须同时提供相关的生产性服务。同样，在中国对外直接投资中，制造业对外投资大幅增长时，也伴随生产性服务业对外直接投资的持续增长。2015年中国对外直接投资流量行业分布情况如表5.5所示。

表5.5 2015年中国对外直接投资流量行业分布情况

行业	流量（亿美元）	同比（%）	比重（%）
租赁和商务服务业	362.6	-1.6	24.9
金融业	242.5	52.3	16.6
制造业	199.9	108.5	13.7
批发和零售业	192.2	5.1	13.2
采矿业	112.5	-32.0	7.7
房地产业	77.9	17.9	5.3
信息传输、软件和信息技术服务业	68.2	115.2	4.7
建筑业	37.4	10.0	2.6
科学研究和技术服务业	33.5	100.5	2.3
交通运输、仓储和邮政业	27.3	-34.7	1.9
农、林、牧、渔业	25.7	26.4	1.8
电力、热力、燃气及水的生产和供应业	21.3	21.0	1.5
文化、体育和娱乐业	17.5	236.6	1.2
居民服务、修理和其他服务业	16.0	-3.2	1.1

5 中国去工业化特征与影响分析

续表

行业	流量（亿美元）	同比（%）	比重（%）
水利、环境和公共设施管理业	13.7	148.1	0.9
住宿和餐饮业	7.2	195.5	0.5
其他	1.3	—	0.1
合计	1456.7	18.3	100.0

资料来源：中国外资统计。

表5.5显示，在2015年中国对外直接投资流量行业分布中，制造业对外直接投资同比增长108.5%，占整个对外直接投资比重为13.7%。在制造业对外直接投资大幅增长的同时，与制造业相关的生产性服务业也出现快速扩张。其中，信息传输、软件和信息技术服务业对外直接投资同比增长115.2%，占整个对外直接投资比重为4.7%；科学研究和技术服务业的对外直接投资同比增长100.5%，占整个对外直接投资比重为2.3%。再单独考察制造业对外投资变化趋势，可以发现制造业对外投资呈现线性增长趋势。从表5.6中可以看到，中国制造业对外投资呈现快速增长趋势。2015年对外投资流量为199.9亿美元，较2007年增长了8.4倍。2015年对外投资流量同比增长108.7%，达到占当年流量总额的13.7%。

表5.6　中国历年制造业对外投资流量和存量统计

年份	流量（亿美元）	比重（%）	存量（亿美元）	比重（%）
2007	21.3	8.0	95.4	8.1
2008	17.7	3.2	96.6	5.3
2009	22.4	4.0	135.9	5.5
2010	46.6	6.8	178.0	5.6
2011	70.4	9.4	269.6	6.4
2012	86.7	9.9	341.4	6.4
2013	72.0	6.7	419.8	6.4
2014	95.8	7.8	523.5	5.9
2015	199.9	13.7	785.3	7.2

资料来源：中国外资统计。

中国制造业对外投资倾向于具有技术比较优势的相关制造业，这从装备制造业的对外投资中得到了反映。历年来中国制造业对外直接投资主要流向专用设备制造业等，相比中国对外直接投资的其他发展中国家，中国在这些行业具有技术优势。2015 年中国对外直接投资中流向装备制造业的流量高达 100.5 亿美元，较 2014 年增长了 158.4%，占全部制造业对外直接投资流量的 50.3%。中国制造业对外投资存量 2007 年为 95.4 亿美元，至 2015 年则上升为 785.3 亿美元，增长了 7.23 倍。

5.1.4 对外直接投资和吸引外商直接投资并举

随着发达国家去工业化，大量生产资源从发达国家制造业部门流出，其中部分流入本国服务业等部门，还有部分流向具有动态比较成本优势的发展中国家。在流向发展中国家的生产资源中，发达国家制造业流出的产业资本主要以生产性投资的模式实施对外直接投资，大规模进入发展中国家制造业部门，引致大量接受外商生产性投资国家的制造业发生重大改变，因而制造业国际转移已经成为了改变一个国家制造业比重的重要原因。在去工业化的过程中，发达国家的产业资本向以中国为首的发展中国家进行对外生产性投资，实施制造业的跨国转移。对于发展中国家，制造业一直处于相对弱势。而随着去工业化进程推近，发达国家自身制造业产出急剧下降，这些国家专注位于产业链和价值链高端的制造业，对于位于产业链和价值链低端的制造业则通过产业转移至发展中国家，中低端制成品需要依靠进口来满足国内需求。发达国家产业资本在向发展中国家进行直接投资时，主要投向第二产业，即以生产性投资为主，这在一定程度上有助于增加发展中国家制造业产出，加速了发展中国家的工业化进程。从外商对中国直接投资的行业结构中也能看出这一点。截至 2014 年外商对中国直接投资行业结构如表 5.7 所示。

截至 2014 年外商在中国的直接投资以第二产业为主，占到全部外商投资的 57.85%。其中，外商投资第二产业的企业数为 525419 家，占到外商全部投资企业数的 64.87%，是投资第三产业企业数的 2 倍多，这表明外商对中国的直接投资是以生产性投资为主。而在第二产业中，外商对中国的投资又以制造业为主。表 5.7 显示，截至 2014 年外商在中国各行业的直接投资中，以制造业投资的企业数和合同项目数最多，投资制造业企业数占全部企业数比重为

表 5.7　截至 2014 年外商直接投资行业结构

行业名称	企业数	比重（%）	合同外资金额（亿美元）	比重（%）
总计	810011	100	33369.51	100
农、林、牧、渔业	23485	2.90	782.63	2.35
采矿业	2059	0.25	168.50	0.50
制造业	506397	62.52	18092.35	54.22
电力、燃气及水的生产和供应业	3803	0.47	472.78	1.42
建筑业	13160	1.62	570.19	1.71
交通运输、仓储和邮政业	10831	1.34	961.57	2.88
信息传输、计算机服务和软件业	12994	1.60	600.47	1.80
批发和零售业	86224	10.64	1794.12	5.38
住宿和餐饮业	8114	1.00	226.47	0.68
金融业	2495	0.31	837.86	2.51
房地产业	52294	6.46	5181.38	15.53
租赁和商务服务业	50993	6.30	2071.80	6.21
科学研究、技术服务和地质勘查业	17534	2.16	765.50	2.29
水利、环境和公共设施管理业	1532	0.19	208.29	0.62
居民服务和其他服务业	12799	1.58	381.48	1.14
教育	1758	0.22	34.81	0.10
卫生、社会保障和社会福利业	1395	0.17	76.88	0.23
文化、体育和娱乐业	2130	0.26	141.93	0.43

资料来源：中国外资统计。

62.52%；合同外资金额和实际使用外资金额也最大，投资制造业合同外资金额占全部合同外资金额比重为 54.22%。2004—2015 年，外商对中国直接投资中，制造业的投资项目数 171952 个，占全部行业合同数的 46.33%；制造业实际外资使用金额为 5386.72 亿美元，占全部行业实际外资使用金额的 47.33%。

中国出现的区域性去工业化是在国内产能保持不变，甚至持续增长的前提下，继续进行海外生产性投资，与传统的产业转移存在本质区别。在这种去工业化模式下，对外投资与吸引外资并重，对外生产性投资主要面向其他发展中国家，走出国门的是具有比较优势的产业，如装备制造业。同时，吸引外来生产性投资也是具有相对比较优势的产业。中国在吸引外资方面，也表现出了与其他发展中国家早熟去工业化的不同，吸引外资总量也是其他发展中国家无法比拟的。

5.2 中国区域性去工业化对地区经济增长的影响

5.2.1 结构性去工业化对地区经济增长的积极作用

通过第3章中国去工业化现状分析，可以发现中国目前还没有出现总量去工业化现象，但已经出现了区域性去工业化现象。在区域性去工业化中，又存在积极去工业化和消极去工业化两种类型，其中北京、上海等属于积极去工业化，山西、甘肃等属于消极去工业化。积极去工业化是一种结构性去工业化，对于促进地区经济增长存在积极作用。

（1）结构性去工业化促进了产业转型升级。

发达国家在去工业化的过程中，选择把中低端制造业转移出去，专门发展高技术产业。当前中国部分地区出现了结构性去工业化，这些地区的劳动密集型和低技术型产业属于去工业化的对象，产业结构得到了有效地转型升级，高技术产业在国民经济中占比逐步得到提高，高技术制造业和现代制造业得到了快速发展，经济增长没有因传统制造业比重的下降而受到影响，继续保持了较高的增长速度。

以北京为例，依据近五年制造业产出占GDP比重、制造业就业人口占社会就业总人数比重，以及制造业出口占总出口比重等指标来度量，北京已经发生了积极去工业化现象。在积极去工业化的过程中，北京有效地实施了产业结构转型升级，高技术制造业和现代制造业得到了快速发展，为经济增长做出了较大的贡献。

表5.8显示，在2011—2015年，北京的高技术制造业以年均10.0%、现代制造业以年均10.1%的增长率实现高速增长。北京的高技术制造业和现代

制造业持续保持高速增长，表明在结构性去工业化现象下，北京传统制造业正在逐渐转变为含有较高技术含量的高技术制造业和现代制造业，产业结构得到了有效地转型升级。

表5.8 北京高技术制造业和现代制造业增加值增长率　　　单位:%

年份	高技术制造业	现代制造业
2011	10.4	10.6
2012	11.3	7.4
2013	10.4	14.2
2014	11.0	12.2
2015	6.7	6.3
年均增长率	10.0	10.1

资料来源：北京和广东国民经济和社会发展统计公报。

结构性去工业化不但促使高技术产业得到发展，文化创意、信息技术等现代产业也得到了快速发展，尤其生产性服务业比重出现大幅度的提高。2015年北京文化创意产业增加值比上年增长8.7%，占地区生产总值的比重为13.4%；信息产业增加值增长10.6%，占地区生产总值的比重为15.3%；生产性服务业增加值增长8.6%，占地区生产总值的比重为52.9%，整个产业结构实现了较好的转型升级。

在结构性去工业化下，中国正在逐渐加速脱离对外商直接投资的依赖，发达国家通过去工业化对中国产业结构升级的影响也在逐渐削弱。从引进外资以来，外商对中国制造业直接投资一直呈上升趋势，实际使用金额在2011年达到历史最大值521.01亿美元，当年制造业外商直接投资额占外商直接投资总额比重的44.91%。从外商进入中国投资以来，外商直接投资制造业使用金额占比在2009年之前一直高于50%，其中2004年制造业投资使用金额占比最高，为70.95%，而后开始出现下降，到2009年占比为51.95%。从图5.1中可以发现，自2005年起，外商对中国直接投资制造业实际使用金额占总投资比重开始出现持续下降趋势，尽管直到2015年，外商直接投资制造业实际使用金额占总投资比重仍然高达31.32%，实际使用金额为395.43亿美元，但从整个外商对中国的直接投资总量及行业变化趋势看，我们认为其对中国制造业升级换代的影响在逐渐削弱。

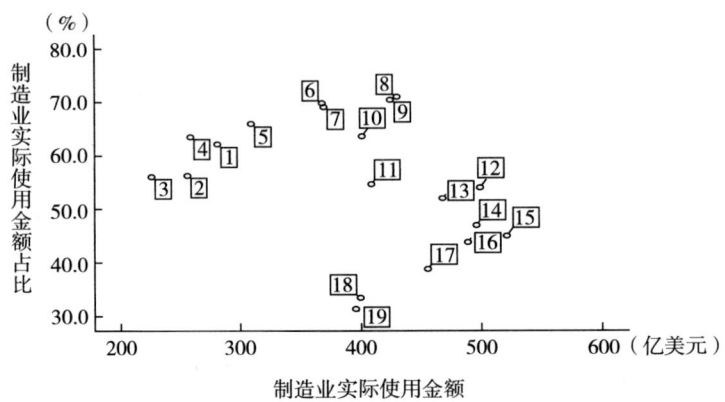

图5.1　制造业外商直接投资实际使用金额和占比

注：图中数字1—19分别代表1997—2015年。

由于工业中主要为制造业，而制造业部门的工资水平又要远高于非制造业部门，对社会就业人员极具吸引力。因此，在工业化初期阶段，制造业是吸纳社会就业的主要力量。外商直接投资集中在中国制造业，在增加制造业产出时，也带来了大量的制造业就业，但随着中国结构性去工业化加速，外商直接投资制造业部门吸纳的就业占比也逐渐出现加速下降趋势。图5.2中反映了这种变化趋势。

如图5.2所示，1999—2011年中国制造业外商投资企业就业人数占制造业全部企业就业人数比重在2007年达到历史最大值，为34.2%，随后开始出现加速下降趋势。虽然外商投资企业吸引就业人数出现加速下降趋势，但中国总体就业人数是一直处于攀升趋势，直到2011年达到高峰，同期中国GDP也是一直处于高速增长阶段，这些表明外商投资企业就业下降对中国就业和经济增长没有产生重要的影响。

从北京高技术产业和现代制造业加速发展，以及外商直接投资制造业实际使用金额占比和外商直接投资制造业吸引就业占比出现加速下降的变化趋势中，我们可以认为，在中国区域去工业化现象中，结构性去工业化加速了产业结构转型升级，使中国工业化道路加速剥离对外商直接投资的依赖。在结构性去工业化下，中国制造业开始逐步向生产链和价值链的中高端环节延伸，中国中高端制造业正在得到加速发展。

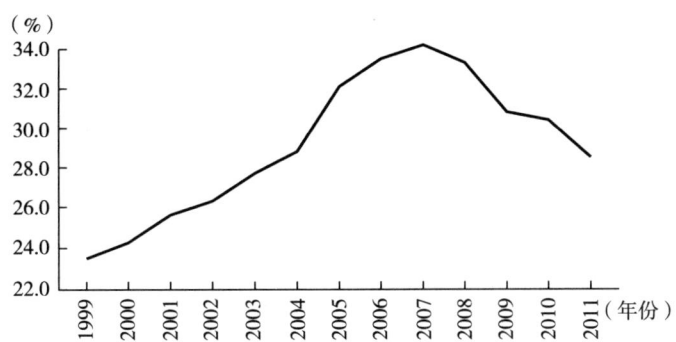

图 5.2　制造业外商投资企业就业人数占制造业全部企业就业人数比重

资料来源：依据《中国工业经济统计年鉴》整理。

（2）结构性去工业化加速了对外直接生产性投资。

去工业化伴随大量资源从制造业部门流出，如果这些资源全部流入服务业等非制造业部门，则有可能导致这些部门出现产能过剩等问题。随着全球贸易开放，国内还有部分资源流向其他国家或地区，形成对外生产性投资。因此，去工业化的一个重要特征就是对外生产性投资出现逐渐增长趋势。在结构性去工业化下，一个国家或地区通过逐渐把中、低端制造业向外实施产业转移，自身专注发展高端制造业，去工业化不但不会阻碍经济增长，反而会给经济增长带来新的活力。因此，一个国家或地区对外生产性投资的变化情况，可以反映出这个国家或地区是否属于结构性去工业化。

中国当前的制造业开始从低端向中高端发展，中国对外直接生产性投资和比例较大的出口类别部门是机械制造、电子产品等。在有些领域，中国制造业已经实现了弯道超车，走在了世界前列，处于世界领先地位，如高铁等。这些为中国扩大对外直接投资产生了重要的引领作用。

如表5.9所示，2015年末中国对外直接投资境内投资者达到20207家，其中制造业为6186家，占境内投资者的30.6%；批发和零售业为6956家，占

34.4%。制造业、批发和零售业合计占65%。信息传输、软件和信息技术服务业占3.1%，科学研究和技术服务业占2.2%。因此，从中国对外直接投资境内投资者看，制造业和相关的生产性服务业占比超过了境内投资者的70%，表明结构性去工业化下，中国对外直接投资以生产性投资为主，结构性去工业化加速了对外直接生产性投资，促使更多企业走出去。

表5.9 2015年末中国对外直接投资境内投资者行业构成情况

行业	数量（家）	比重（%）
批发和零售业	6956	34.4
制造业	6186	30.6
租赁和商务服务业	1616	8.0
农、林、牧、渔业	764	3.8
住宿和餐饮业	658	3.3
信息传输、软件和信息技术服务业	627	3.1
建筑业	609	3.0
采矿业	505	2.5
科学研究和技术服务业	442	2.2
房地产业	387	1.9
交通运输、仓储和邮政业	348	1.7
居民服务、修理和其他服务业	333	1.6
文化体育和娱乐业	168	0.8
电力、热力、燃气及水的生产和供应业	148	0.7
其他	460	2.4
合计	20207	100.0

资料来源：中国外资统计。

结构性去工业化下，积极去工业化地区更是加大了走出去的力度，对外生产性投资发展迅速。从表5.10中国北京、天津、上海、福建等积极去工业化的省份对外生产性直接投资情况中可以看出，这几个省份对外生产性投资呈现逐年递增趋势。尤其像北京和上海及类似的大城市，都会出现这样一种情况，不管是城市核心，还是近郊和远郊，服务业都是支柱产业，而大量的制造业将被迁出，向中西部转移和走出去同时发生，对外生产性投资呈现跳跃式增长。

表 5.10　2007—2015 年结构性去工业化地区对外生产性直接投资　　单位：亿美元

	2007 年	2009 年	2011 年	2013 年	2015 年
北京	1.53	4.52	11.75	41.30	122.80
天津	0.80	2.10	4.07	11.20	25.27
上海	5.23	12.09	18.38	26.75	231.83
福建	3.68	3.66	5.30	9.52	27.57

资料来源：中国对外直接投资统计公报。

与此同时，消极去工业化地区的对外直接生产性投资则不是呈现逐年递增趋势，而是出现较大的波动。以山西和甘肃为例，表 5.11 显示，山西和甘肃的对外生产性投资出现急剧的波动，山西呈现 S 形变化，甘肃则是倒 U 形变化。消极去工业化地区自身制造业还处于中、低端层次，还需要加速发展制造业，服务业在较长时期内还不可能成为支柱产业。因此，在环境治理和生态保护下，山西和甘肃需要去掉环境污染性行业，但其自身还没有资金和能力扩大对外直接投资，还需要从东部地区引进省外资金来加快当地产业结构升级转型。

表 5.11　2007—2015 年消极去工业化地区对外生产性直接投资　　单位：亿美元

	2007 年	2009 年	2011 年	2013 年	2015 年
山西	0.83	3.33	1.83	5.65	1.86
甘肃	1.54	0.19	6.45	4.32	1.23

资料来源：中国对外直接投资统计公报。

再从全国各区域 2015 年对外直接投资流量分布看，表 5.12 显示，东部地区占比高达 85.2%，而中、西部地区仅为 14.8%。积极去工业化地区集中在东部地区，消极去工业化地区集中在中、西部，这再次说明积极去工业化加速了对外生产性投资。

表 5.12　2015 年地方对外直接投资流量按区域分布情况

地区	流量（亿美元）	比重（%）	同比（%）
东部地区	798.2	85.2	78.2
中部地区	63.3	6.8	84.7
西部地区	74.5	8.0	14.2
合计	936.0	100.0	71.0

注：中部地区包括山西、安徽、江西、河南、湖北、湖南六省；西部地区包括：内蒙古、广西、四川、重庆、贵州、云南、陕西、甘肃、青海、宁夏、新疆、西藏。

（3）区域性去工业化有助于中、西部区域经济平衡发展。

中国地区间制造业的增长速度、产出占比和就业占比存在较大差异，东部地区的制造业劳动生产率远高于中西部地区，地区的制造业产业转移还存在较大的空间发展红利。东部地区由于人均收入已经达到较高的层次，劳动力成本上升较快，其制造业的经济增长效应开始出现下降，如果转移到中西部地区，不但可以减少制造业增长效应的下降，还可以通过地区的产业转移，促进不同地区的产业结构升级转型。

表 5.13 中显示，中、西部地区引进省外资金流量净额逐年出现大幅增长，尤其自 2013 年起，各省引进省外资金明显加快，部分省份在 2015 年引进省外资金流量净额已经是 2012 年的两倍多。从这些省份引进的省外资金来源渠道看，主要来自北京、上海、福建等积极去工业化地区。

表 5.13　中、西部地区部分省份引进省外资金情况　　　单位：亿元

	2012 年	2013 年	2014 年	2015 年
江西	3189	3859	4540	5232
安徽	5283	6796	7942	8969
河南	4753	6197	7206	7822
云南	2560	3968	5354	6488
贵州	3857	5017	6271	7213

资料来源：各省统计公报和对外经济数据。

在中、西部省份中，2015 年江西省引进省外资金达到了 5232 亿元，引进

省外亿元以上项目 1387 个，较 2014 年增长了 4.3%；实际引进省外资金 4655 亿元，较 2014 年增长了 19.8%。在引进的项目中，2015 年江西省新引进省外亿元以上重点产业项目共计 750 个，实际引进省外资金达到 3179 亿元，分别占全省的 54.1% 和 50.6%。2015 年安徽省引进省外资金 1 亿元以上在建项目达到了 5902 个，引进省外资金 10 亿元以上在建项目 576 个，实际到位资金达到了 3500 亿元，较 2014 年增长了 23.7%。省外资金在安徽省投资结构中，主要属于战略性新兴产业和现代服务业，此类项目超过了 3300 个，八大主导产业中的电子信息产业、食品医药产业和家用电器产业增幅超过 20%。

中国东部地区向中、西部地区进行的产业转移，是中国制造业从中、低端的组装、制造环节开始走向中、高端的研发（专利、技术）和营销（终端设计、系统集成、品牌服务）环节的过程。东部完备的产业基础和中、西部良好的基础设施给中游制造提供了低成本、高效率的保障，东部地区产业技术的传承迭代、很强的政策扶持和执行力，驱动本地区产业向上游发展，而中、西部市场容量足够大，品牌服务空间足够广，使东部从事终端设计、系统集成的制造业和生产性服务业也有足够的空间发展。

区域性去工业化下，中国东部地区加快了向中、西部地区产业转移步伐。从表 5.14 中可以看出，2009 和 2013 年，东部地区部分产业占全国比重出现明显下降趋势，中、西部地区则出现上升趋势，如电子通信业、饮料制造业、电气机械器材制造业等。

表 5.14 中国 2009 年和 2013 年区域产业比重变化

行业	西北		西南		中部		东部	
	2009 年	2013 年	2009 年	2013 年	2009 年	2013 年	2009 年	2013 年
煤炭开采业	9.2	12.0	9.7	11.2	56.2	52.1	24.9	24.7
石油天然气开采业	28.2	33.9	6.3	1.1	26.9	29.9	38.6	35.0
黑色金属矿采业	2.4	3.8	8.0	7.9	26.9	27.6	62.7	60.6
有色金属矿采业	8.4	6.6	7.5	9.4	49.3	54.0	34.8	29.9
非金属矿采业	1.5	2.8	12.8	13.1	35.8	40.9	49.8	43.2
农副食品加工业	2.3	2.8	7.4	6.4	30.8	38.3	59.5	52.5
食品制造业	3.3	4.4	5.3	6.6	32.9	33.6	58.5	55.5
饮料制造业	4.3	4.6	17.7	21.2	28.4	33.1	49.6	41.0

续表

行业	西北		西南		中部		东部	
	2009年	2013年	2009年	2013年	2009年	2013年	2009年	2013年
烟草制品业	3.9	4.3	28.1	25.4	30.2	29.5	37.9	40.8
纺织业	1.1	1.4	2.8	2.9	14.1	19.5	82.0	76.2
纺织服装鞋帽业	0.3	0.4	1.2	2.3	9.9	19.2	88.6	78.0
造纸及纸制品业	1.3	1.3	5.0	5.8	19.8	21.5	73.9	71.4
石油加工业	12.7	13.0	2.5	2.4	21.4	18.7	63.5	65.9
化学原料制造业	2.6	2.8	6.4	5.8	19.8	22.9	71.3	68.5
医药制造业	3.0	2.9	9.8	8.8	26.9	30.7	60.3	57.5
化学纤维制造业	2.2	1.6	2.3	2.6	6.3	5.5	89.2	90.3
非金属矿物制造业	2.8	3.6	7.5	7.9	29.3	36.1	60.5	52.4
黑色金属冶炼业	3.3	4.1	6.1	6.7	22.7	23.2	67.9	66.0
有色金属冶炼业	7.0	9.0	8.1	7.2	36.0	38.1	48.9	45.8
金属制品制造业	1.2	1.4	4.1	4.3	11.9	18.4	82.8	76.0
通用设备制造业	1.3	1.4	5.7	5.2	14.3	18.8	78.7	74.6
专用设备制造业	2.3	2.2	5.4	4.7	24.4	27.9	68.0	65.2
交通运输设备制造业	2.4	2.2	8.6	9.5	23.5	26.7	65.5	61.6
电气机械器材制造业	1.8	2.2	3.3	3.3	13.9	19.6	81.6	75.0
电子通信业	0.5	0.4	2.5	7.4	3.7	10.0	93.3	82.2
仪器仪表制造业	1.6	2.2	3.4	2.9	9.6	12.7	85.4	82.2
电力热力生产供应业	4.8	6.7	8.7	9.3	26.8	26.6	59.8	57.4

资料来源：高煜，张雪凯．政策冲击、产业集聚与产业升级——丝绸之路经济带建设与西部地区承接产业转移研究［J］．经济问题，2016（1）：1-7．

在积极的结构性去工业化过程中，通过东部地区向中、西部地区产业转移，东部地区转移或淘汰边际生产率递减的制造业，发展高技术产业和战略性新兴产业，进而实现产业升级转型。对于中部和西部地区，通过承接东部发达地区的制造业，提高制造业占比，减少第一产业占比，从而达到加速工业化进程。因此，在区域性去工业化下，东部发达地区能够顺利实施产业转移升级，中、西部地区则借助承接东部地区转移的产业达到加速工业化，进而实现区域经济平衡发展，整个国家经济得到持续增长。

5.2.2 消极去工业化对地区经济增长的负面作用

(1) 消极去工业化将导致社会生产效率大幅下降。

在消极去工业化下,工业就业和产出(主要是制造业)出现双重下降,高技术产业和现代服务业没有得到充分发展,传统服务业就业和产出则出现双重上升趋势。然而,工业和服务业的生产效率存在较大差别,尤其传统服务业部门的生产效率更是远低于工业部门,当工业逐渐退出而服务业逐渐增加时,高生产效率的高技术产业和现代服务业占比又很低的情形下,实质上是低生产效率部门替代高生产效率部门的过程。

对中国2005—2015年第一、第二、第三产业和制造业的生产效率进行比较,可以发现不同产业之间的生产效率存在较大差异。从表5.15中可以看到,中国第一产业每单位劳动力创造的产出远远低于第二产业和第三产业的每单位劳动力创造的产出,而第三产业每单位劳动力创造的产出又远远低于第二产业每单位劳动力创造的产出。同时,如果第二产业中只计算制造业部门的每单位劳动力创造的产出,则服务业部门每单位劳动力创造的产出更是远远低于制造业部门每单位劳动力创造的产出,即服务业部门的劳动生产率更是远远低于制造业部门的劳动生产率。

依据统计出来的2005—2015年三大产业和制造业的每单位劳动力创造的产出,可以计算出服务业每单位劳动力创造的产出约为第二产业的80%;而与制造业相比较,服务业每单位劳动力创造的产出则仅为制造业的20%左右。因此,去工业化意味着以生产效率低的服务业部门替代生产效率高的工业部门,尤其是替代制造业部门,即生产效率高的部门从社会生产中逐渐退出,而生产效率低的部门在经济增长中开始发挥主导作用,这将会导致整个社会生产效率出现大幅下降。

同时,由于中国目前人均实际收入水平还处于低位,社会总体消费水平不高,对服务性的消费需求远没有达到发达国家工业化后期阶段的消费水平。因此,当服务业从业人员占比出现大幅上升,服务业产能也将会出现大幅增长,但人们对服务业的需求没有及时得到发展,则最终有可能导致出现因社会需求不足而引发的服务业产能过剩问题。

表 5.15　三大产业和制造业每单位劳动力创造产出比较　　单位：万元

年份	第一产业	第二产业	制造业	第三产业
2005	0.65	4.90	18.72	3.28
2006	0.73	5.46	21.25	3.78
2007	0.90	6.20	25.24	4.72
2008	1.09	7.21	29.86	5.42
2009	1.18	7.49	31.54	5.94
2010	1.41	8.64	35.82	6.86
2011	1.74	9.91	38.27	7.87
2012	1.97	10.34	39.84	8.78
2013	2.29	11.08	34.59	9.31
2014	2.56	11.77	37.31	9.76
2015	2.78	12.36	41.30	10.48
平均值	1.67	9.05	33.50	7.29

资料来源：《国家统计年鉴》。

(2) 消极去工业化将导致国民经济出现结构性减速。

制造业对经济增长的推动作用，存在一定的前提条件：一是制造业的劳动生产率要远高于农业、服务业等非制造业部门。只有制造业的劳动生产率远远高于农业和服务业，制造业生产力的增长率才会与 GDP 增长率存在巨大差距，制造业部门创造的人均 GDP 远远高于其他部门创造的人均 GDP，最终远远高于全国人均 GDP，进而对经济增长产生推动。二是制造业在经济中的占比不能太低。如果制造业在经济中占比太低，即使制造业部门的劳动生产率远高于非制造业部门，也无法对经济增长产生较为明显的推动作用。

从长期看，在去工业化的过程中，当社会生产资源逐渐涌向服务业时，制造业部门的产值和就业在经济中的占比也在逐渐下降，而服务业平均劳动生产率又远远低于制造业平均劳动生产率。因此，去工业化意味着从平均劳动生产率高的部门占经济主导转向平均劳动生产率低的部门发挥引领作用，即全社会平均劳动生产率也在随之逐渐下滑，最终导致国民经济出现结构性减速。随着工业产出在 GDP 中的占比逐渐下降，服务业产出在 GDP 中的占比逐渐上升，

5 中国去工业化特征与影响分析

全国单位就业人口创造出的 GDP 增长率也开始出现逐年下降趋势。

全国单位就业人口创造出的 GDP 增长率可以看成社会平均劳动生产率的近似指标，能够反映出社会平均劳动生产率的变化趋势。从表 5.16 中可以看出，自 2012 年起，服务业产出占 GDP 比重开始超过第二产业，全国单位就业人口创造出的 GDP 增长率也开始出现逐年下降趋势，从每年 17%～18% 的增速下降为不到 10%，表明随着服务业占 GDP 比重逐渐增大而成为经济中的第一产业，社会劳动生产率的增幅也开始出现了下降。依据经典经济学的增长理论，劳动力、资本和生产率是经济长期增长的决定性因素，劳动生产率的降低将会导致国民经济出现结构性减速，这也是发达国家去工业化后经济增长出现减速甚至停滞的经验与教训。

表 5.16 三大产业比重和单位就业人口创造的 GDP 及增长率

年份	第一产业	第二产业	第三产业	单位 GDP	单位 GDP 增长率
2005	11.7%	46.9%	41.4%	2.49	—
2006	10.7%	47.4%	41.9%	2.90	16.47%
2007	10.4%	46.7%	42.9%	3.56	22.75%
2008	10.3%	46.8%	42.9%	4.19	17.70%
2009	9.9%	45.7%	44.4%	4.56	8.83%
2010	9.6%	46.2%	44.2%	5.37	17.76%
2011	9.5%	46.1%	44.3%	6.34	18.06%
2012	9.5%	45.0%	45.5%	6.96	9.78%
2013	9.4%	43.7%	46.9%	7.64	9.77%
2014	9.2%	42.7%	48.1%	8.23	7.72%
2015	8.9%	40.9%	50.2%	8.85	7.53%

资料来源：《国家统计年鉴》。

(3) 消极去工业化将引发一系列经济社会问题。

在消极去工业化的过程中，由于制造业就业人数占比的下降，导致更多就业人员从制造业中流出。这些从制造业流出的富余人员，如果不能短期内进入其他产业部门从事新的工作，将会使社会失业人数增加，失业率随之出现上升。而伴随不能快速就业，这些失业人员就会缺少固定收入来源，个人实际收入和家庭实际收入就会出现减少，从而引发一系列经济社会问题。

从表 5.17 中可以看到，2012—2014 年甘肃制造业平均工资均是大于社会平均工资，分别是社会平均工资的 110.97%、107.75% 和 105.29%。2012—2014 年上海制造业平均工资则是低于社会平均工资，分别是社会平均工资的 82.56%、78.44% 和 79.59%。

表 5.17 去工业化地区社会平均工资和制造业平均工资比较

	社会平均工资（元）	制造业平均工资（元）	行业位次	比率（%）
2012 年				
甘肃	37679	41815	4	110.97
上海	78763	65032	14	82.56
2013 年				
甘肃	42833	46152	7	107.75
上海	90908	71305	13	78.44
2014 年				
甘肃	46960	49442	7	105.29
上海	100251	79795	13	79.59

资料来源：《国家统计年鉴》。

甘肃属于消极去工业化地区，其制造业平均工资高于社会平均工资。在 19 个行业中，甘肃 2013 年和 2014 年制造业平均工资均排名第 7，2012 年则是位于第 4 位，高于制造业平均工资的行业主要包括采矿业、金融业、科学研究和技术服务业等行业，绝大部分行业平均工资低于制造业平均工资。上海属于积极去工业化地区，其制造业平均工资则明显低于社会平均工资，2013 年和 2014 年制造业平均工资分别位于第 12 位和第 13 位，2012 年更是位于第 14 位，远远低于大部分行业的平均工资。从积极去工业化和消极去工业化地区制造业平均工资和行业排名看，可以发现两类去工业化对制造业流出人员产生的影响存在巨大差异。

对于积极去工业化地区，由于存在更多行业比制造业平均工资要高，第三产业也得到了较为充分发展，并且第三产业中大部分行业平均工资远远高于制造业平均工资。因此，积极去工业化地区从制造业部门流出的从业人员更容易进入第三产业相关行业获得平均工资更高的新岗位，如租赁和商务服务业、卫生和社会工作、文化体育和娱乐业等，最终工资收入可能反而比制造业部门更高。

对于消极去工业化地区，去工业化则可能带来更多的失业和重新被迫选择从事平均工资更低的工作。随着消极去工业化地区制造业就业绝对值和相对值出现下降，越来越多的制造业从业人员从制造业部门流出，进入其他非制造业部门工作。由于第三产业还没有得到充分发展，制造业平均工资在行业中又属于较高工资，一些在积极去工业化地区高于制造业平均工资的行业，在消极去工业化地区则其平均工资远低于制造业，如租赁和商务服务业、卫生和社会工作、文化体育和娱乐业等。因此，从制造业流出的就业人员，要想进入其他平均工资更高的行业，如金融业、科学研究和技术服务业等，还是存在较大困难。绝大部分流出人员会进入平均工资不如制造业的部门，甚至可能短期或长期难以寻找到合适的新工作。消极去工业化带给他们的是更低工资待遇的工作和可能存在的失业。

5.3 本章小结

本章分析了中国去工业化的特征和影响。在分析中国区域性去工业化特征时，主要基于中国对外直接生产性投资变化趋势的角度进行阐述。这样分析的依据在于发达国家去工业化的经验，在去工业化的过程中，伴随而来的是对外产业转移，而对外产业转移则是通过对外生产性投资来得到实现。分析发现，中国区域性去工业化主要存在四个特征：一是中国对外直接投资呈现强劲增长趋势；二是中国对外直接投资主要面向发展中经济体；三是制造业和生产性服务业的对外直接投资呈现大幅增长；四是中国对外直接投资和吸引外商直接投资并举。

在分析区域性去工业化对中国自身经济增长的影响时，本书认为积极作用主要表现在三个方面：一是结构性去工业化促进了产业转型升级；二是结构性去工业化加速了对外生产性投资；三是区域性去工业化有助于中、西部区域经济平衡发展。而去工业化对中国经济增长的消极影响，也主要表现为三个方面：一是消极去工业化将导致社会生产效率大幅下降；二是消极去工业化将导致国民经济出现结构性减速；三是消极去工业化将引发一系列经济社会问题。

6 去工业化的国际借鉴

6.1 发达国家的去工业化

6.1.1 美国的去工业化

自20世纪60年代起,随着制造业劳动生产率和社会生产力的大幅提高,以美国为首的西方发达国家逐渐进入工业化后期阶段。在工业化后期阶段,制造业产品已经极为丰富,同时伴随实际人均收入提高,消费模式、就业兴趣也在逐渐发生变化,人们从对制造业产品的热爱,开始转向追求对服务的消费,并且有能力支付一次性的服务消费。在这种趋势下,以及日益扩大的全球贸易,西方发达国家开始出现去工业化趋势,首先表现为制造业就业份额出现下降,越来越多原来从事制造业工作的产业工人开始从制造业流出,进入服务业和新兴产业选择新的工作。

在西方国家中,美国是较早出现去工业化趋势的国家之一。"二战"后,美国经历了经济增长的黄金时期,但这段黄金时期之后,开始进入增长的波动阶段,这从历年实际GDP增长率和固定资本形成总值增长率中可以反映出来(见表6.1)。1970—2015年美国实际GDP平均增长率为2.83%,最大增长率为7.26%,最小增长率为-2.78%,标准差为2.06%;固定资本形成总值平均增长率为3.21%,最大值为15.04%,最小值为-13.07%,标准差为5.33%。

表 6.1 美国人均 GDP、实际 GDP 增长率和固定资本形成总值增长率

年份	人均 GDP（美元）	实际 GDP 增长率（%）	固定资本形成总值增长率（%）
1970	5245	3.30	1.04
1975	7819	-0.20	-7.35
1980	12569	-0.24	-4.28
1985	18224	4.24	7.01
1990	23901	1.92	-0.10
1995	28748	2.72	5.18
2000	36419	4.09	6.31
2005	44236	3.35	5.60
2010	48302	2.53	1.12
2015	56065	2.60	3.75

资料来源：国际货币基金组织和中国国家统计局。

从表 6.1 中可以看出，尽管美国历年国内人均 GDP 出现大幅增长，但实际 GDP 增长率和固定资本形成总值增长率波动较大，反映了美国经济在 1970—2015 年一直于羁绊中前行。

在经济增长迟缓下，随之而来美国制造业就业人数占总就业人数份额出现逐年下降趋势。从图 6.1 中可以看出，在 1965—2015 年的 50 年中，美国制造业就业份额下降趋势明显。1965 年美国制造业就业人数占总就业人数比重为 27.0%，而到了 2015 年则下降为 10.3%，下降了将近三倍。同期，美国工业就业人数占总就业人数比重从 1965 年的 27.8%下降为 2015 年的 10.9%，也是下降了将近三倍。

随后，在 20 世纪 70 年代美国制造业增加值占 GDP 比重也开始出现下降趋势。1980 年美国工业增加值占 GDP 比重为 33.5%，到了 2010 年下降为 20.4%，绝对减少了 13.1%。1975 年农业增加值占 GDP 比重 4.1%，到了 2005 年下降为 1.2%，此后维持不变，绝对减少了 2.9%。与此同时，1975 年服务业占 GDP 比重为 62.7%，到了 2010 年上升为 78.4%，绝对增加了 15.7%。

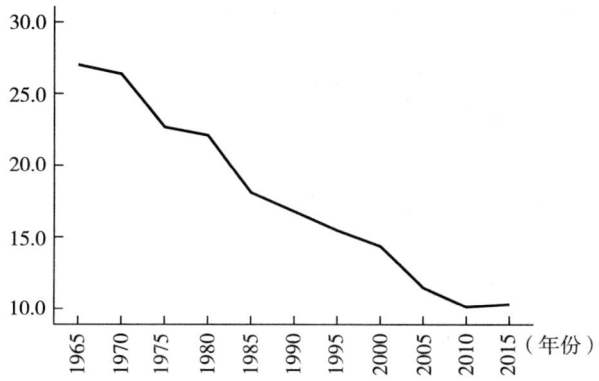

图 6.1 美国制造业就业份额变化趋势

资料来源:世界银行数据库。

从表 6.2 中可以看出,在美国三大产业中,农业和工业增加值占 GDP 比重一直呈现下降趋势,而服务业增加值占 GDP 比重则一直呈现上升趋势。综合美国实际 GDP 增长率、制造业就业份额、工业增加值占 GDP 比重等变化趋势,可以判断出美国在 20 世纪 60—70 年代开始出现了去工业化趋势,并且在进入 21 世纪后这种去工业化出现明显的加速。

表 6.2 美国历年三大产业增加值占 GDP 比重变化趋势 单位:%

年份	农业	工业	服务业
1975	4.1	33.2	62.7
1980	2.9	33.5	63.6
1985	2.4	30.9	66.7
1990	2.1	27.9	70.1
1995	1.6	26.3	72.1
2000	1.2	23.2	75.6
2005	1.2	22.0	76.9
2010	1.2	20.4	78.4

资料来源:世界银行数据库。

不过,在制造业就业份额逐渐下降的过程中,虽然伴随经济的缓慢增长,但美国去工业化中只是去掉了纺织、钢铁等传统劳动密集型制造业和夕阳产业，高端制造业则得到了快速发展，高技术产业更是保持了世界领先地位，因而美国并没有出现长期的增长停滞现象，人均GDP还是在持续增长，并且已经处于较高的发展水平。从图6.2中可以看出，美国制造业就业份额下降与人均GDP持续增长是同时出现的。

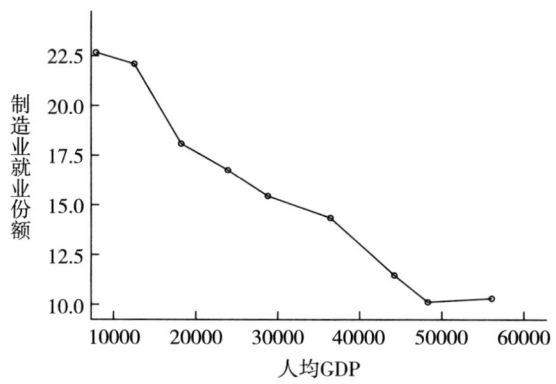

图6.2 美国制造业就业份额与人均GDP

从表6.3中可以看出，与1978年相比较，2015年发达国家制造业就业人数和占总就业比重均出现了大幅度的减少，表明去工业化是发达国家经济发展的必然趋势和必经过程。其中，美国1978—2015年制造业就业人数减少了644.6万人，虽然下降规模最大，但变化相对值为-29.59%，在六个发达国家中低于英国、法国和意大利；总就业人数增加了5279.3万人，变化相对值为54.97%，远高于英国、法国、德国、意大利和日本。由于总就业人数上升幅度远大于其他发达国家，因此，美国制造业就业人数占总就业人数比重远低于法国、德国、意大利和日本，仅高于英国。

结合表6.3，从表6.4中可以看出，在美国制造业就业人数和份额下降的同时，总就业人数与非制造业就业份额出现了大规模上升，即随着制造业劳动生产率快速增长的过程中，制造业就业流出的劳动力被非制造业部门吸纳了，同时经济也在逐渐增长，人均GDP也达到了较高的发展水平。因此，尽管美国制造业就业份额大幅度降低，以制造业为代表的工业部门在国民经济中的作

6 去工业化的国际借鉴

表 6.3 主要发达国家制造业就业变化（1978 年和 2015 年）

	1978 年	2015 年	变化绝对值	变化相对值
制造业就业人数（万人）				
美国	2178.4	1533.8	-644.6	-29.59%
英国	730.1	299.3	-430.8	-59.01%
法国	547.5	322.5	-225.0	-41.10%
德国	900.4	775.9	-124.5	-13.83%
意大利	588.2	412.1	-176.1	-29.94%
日本	1388.8	1035.3	-353.5	-25.45%
总就业人数（万人）				
美国	9604.6	14883.9	5279.3	54.97%
英国	2493.9	3129.6	635.7	25.49%
法国	2274.8	2642.5	367.7	16.16%
德国	2655.9	4006.7	1350.8	50.86%
意大利	2115.1	2246.8	131.7	6.23%
日本	5408.0	6375.9	967.9	17.89%
制造业就业人数占总就业人数比重（%）				
美国	22.68	10.31	-12.37	-54.56
英国	29.28	9.56	-19.72	-67.34
法国	24.07	12.20	-11.87	-49.30
德国	33.90	19.37	-14.53	-42.88
意大利	27.81	18.34	-9.47	-34.05
日本	25.68	16.24	-9.44	-36.77

资料来源：世界银行数据库。

用受到了削弱，但服务业和高技术产业的兴起，还是逐步推高了美国的 GDP，使美国人均实际收入维持在较高水平。

因此，依据美国制造业就业份额与人均 GDP 的发展趋势，美国制造业就业份额的下降，是由于制造业快速增长的劳动生产率而引起的，其制造业就业的流出，被非制造业部门吸纳了，这从美国非制造业就业的变化中也得到了反映。表 6.4 中显示,1978—2015 年,美国农业就业变化相对值为 54.97%,服务业就业变化相对值为 94.38%,这表明制造业流出的劳动力被农业和服务业等非制造业部门吸纳了,实现了就业的转移。

表 6.4 美国非制造业就业人数变化

	1978 年	2015 年	变化绝对值	变化相对值
农业	9604.6 万人	14883.9 万人	5279.3	54.97%
服务业	6277.3 万人	12202.0 万人	5924.7	94.38%

资料来源:世界银行数据库。

不过,由于美国的去工业化表现为制造业在国民经济中的快速衰退,随之而来导致严重的后果则是出现了产业空心化。产业空心化是指一国基础制造业出现广泛的资本撤退,从而导致实体经济萎缩,社会资源大量涌向服务业的一种经济现象(王秋石和王一新,2014)。从产业结构的视角观察,出现产业空心化的国家或地区,其第三产业占 GDP 比重远高于第一、第二产业,制造业大规模萎缩,本国或本地区的制造业大部分转移到其他国家或地区,本国或本地区把发展的重心转向服务业,对制成品的需求主要依赖进口来实现,因此表现为制成品进口远高于出口。

美国在去工业化的过程中,初期制成品出口占 GDP 的比重大于制成品进口占 GDP 的比重,自 20 世纪 80 年代之后,制成品进口开始大于出口。从表 6.5 中可以看出,随着美国去工业化进程的加快,美国制成品进口与出口差距越来越大,这表明美国在去工业化的过程中持续脱离制造业,把发展的重心放在服务业,导致需要从国外大量进口制成品来满足国内需求,弥补国内基础制造业生产的不足。

表 6.5 美国制成品进出口占 GDP 比重　　　　　　　　单位:%

年份	制成品出口	制成品进口	变化值
1975	5.39	3.71	1.68
1980	6.43	5.13	1.30
1985	4.88	6.73	-1.85
1990	6.84	7.70	-0.86

续表

年份	制成品出口	制成品进口	变化值
1995	8.20	9.33	-1.13
2000	8.82	11.06	-2.24
2005	7.99	11.13	-3.14
2010	8.18	11.09	-2.91
2015	8.39	11.83	-3.44

资料来源：国际货币基金组织和中国国家统计局。

同时，随着制造业对经济推动作用的减弱，美国更加重视科技创新。从表6.6中可以看出，美国在去工业化的过程中，越来越重视科技创新对经济发展的作用。在传统制造业逐渐退出的过程中，为了最大限度地获取丰厚的利润，美国将附加值低的制造环节放在发展中国家，自己把握制造业产业链附加值高的研发和营销环节，不断加大科技研发投入，坚持发展高技术产业，创新优势也越来越明显。1975年美国的非居民专利数量为36569项，虽然高于英国、法国等其他发达国家，但差距不是很明显。而到了2013年，美国非居民专利数量为283781项，比1975年超出247212项，变化比为676.02%，已经远远高于其他发达国家，超出日本非居民专利数的5倍多，是德国的18倍，更是超出英国、法国、意大利的几十倍。

表6.6 发达国家非居民专利申请数量比较

	1975年	2013年	变化绝对值	变化相对值
美国	36569	283781	247212	676.02%
英国	32558	7966	-24592	-75.53%
法国	28327	2196	-26131	-92.25%
德国	29897	15814	-14083	-47.11%
意大利	17995	905	-17090	-94.97%
日本	24703	56705	32002	129.55%

资料来源：国际货币基金组织和中国国家统计局。

6.1.2 日本的去工业化

"二战"后，日本为了经济快速复苏，实施倾斜式的产业政策，确立以钢铁、煤炭为优先发展产业，进而以这两个产业为核心来带动整个工业经济发展和促进国民经济的快速复苏。随后，日本陆续制定了一系列产业发展政策，给予国内制造业强力支持，促进了日本制造业的高速发展。尤其进入20世纪50年代后期，日本制造业发展速度更是加快，新兴产业也在快速兴起，此时日本转向加强产业基础设施建设，大力扩展支柱产业和新兴产业部门等，取得了显著的成效。进入20世纪60年代，随着日本工业化的高速发展，日本国民生产总值开始超过西德，成为世界第二经济大国。

进入20世纪70年代，随着工业现代化的完成，日本开始进入工业化后期阶段，经济增长速度开始出现大幅度的下降，伴随出现较大幅度的增长波动。1970—2015年日本实际GDP平均增长率为2.53%，最大增长率为8.41%，最小增长率为-5.53%，标准差为2.72%；固定资本形成总值平均增长率为1.75%，最大值为13.31%，最小值为-10.59%，标准差为4.98%。

从表6.7中可以看出，虽然日本人均GDP总体上呈现持续增长趋势，但在2012年达到历史高峰48632美元后，此后一直呈现下降趋势。同时，实际GDP增长率和固定资本形成总值增长率呈现大幅度波动。

表6.7 日本人均GDP、实际GDP增长率和固定资本形成总值增长率

年份	国内人均GDP（当年价，美元）	实际GDP增长率（%）	固定资本形成总值增长率（%）
1970	3203	4.70	4.71
1975	5120	3.09	-0.68
1980	8573	2.82	-0.39
1985	13184	6.33	8.26
1990	19218	5.57	7.86
1995	22922	1.94	0.81
2000	25940	2.26	0.68
2005	30445	1.30	0.85

续表

年份	国内人均 GDP（当年价，美元）	实际 GDP 增长率（%）	固定资本形成总值增长率（%）
2010	33767	4.71	-0.24
2012	48632	0.96	3.54
2015	34513	-0.57	0.09

资料来源：国际货币基金组织和中国国家统计局。

随着进入工业化后期阶段，日本三大产业在国民经济中的地位也开始发生变化，第一、第二产业出现逐年下降趋势，第三产业则呈持续上升趋势。从表6.8中可以发现，进入20世纪70年代中后期，在国内人均GDP增长的过程中，日本工业增加值占GDP比重则在逐渐下降。1975年日本工业增加值占GDP比重为39.4%，2012年工业增加值占GDP比重为25.6%，绝对减少了13.8%，相对下降了35.0%，表明工业在日本国民经济中的地位出现了较大幅度的下降。日本农业增加值从1975年占GDP比重的4.6%下降为2012年的1.2%，绝对减少了3.4%，相对下降了73.9%。同时，日本服务业占GDP比重则出现大幅上升，1975年服务业占GDP比重为56.0%，到了2012年上升为73.2%，绝对增加了17.2%，相对上升了30.7%。

表6.8 日本三大产业增加值占GDP比重   单位：%

年份	农业	工业	服务业
1975	4.6	39.4	56.0
1980	3.1	39.1	57.9
1985	2.7	38.2	59.1
1990	2.1	38.1	59.8
1995	1.8	33.1	65.2
2000	1.6	31.1	67.3
2005	1.2	28.1	70.6
2010	1.2	27.5	71.3
2012	1.2	25.6	73.2

资料来源：世界银行数据库。

在工业和制造业增加值占 GDP 比重下降的过程中，日本制造业就业人数占总就业人数份额也开始出现持续下降趋势。1970 年日本制造业就业人数占总就业人数份额处于高峰时期，为 27.90%，随后开始逐年下降，至 2015 年下降为 16.24%，绝对减少了就业份额 11.66%，相对下降了 41.79%。农业就业人口占总就业人数份额从 1970 年的 17.41% 下降为 2015 年的 3.27%，绝对下降了 14.14%，相对下降了 81.22%。与此同时，服务业就业人数则从 1970 年占总就业份额的 46.86% 上升为 2015 年的 72.51%，绝对增加了就业份额 25.65%，相对增加了 54.73%。

从图 6.3 日本制造业就业份额变化趋势可以看出，日本制造业就业份额下降幅度较大，下降较快。结合日本工业增加值占 GDP 比重和制造业就业份额的变化趋势，可以判断日本在 20 世纪 70 年代开始出现去工业化现象。

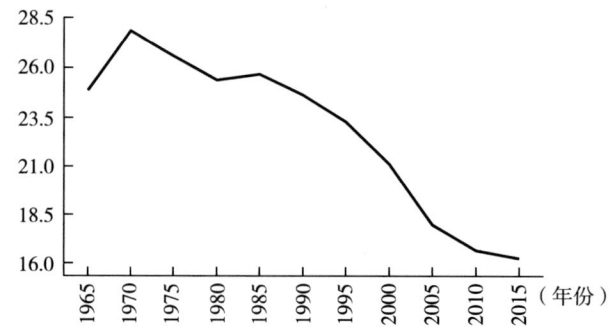

图 6.3　日本历年制造业就业份额

资料来源：世界银行数据库。

去工业化有积极去工业化和消极去工业化之分。Bazen 和 Thirlwall（1997）认为，积极去工业化表现为制造业就业份额下降是由于快速增长的劳动生产率而引起的；在积极去工业化下，经济持续增长，制造业流出的劳动力能够被非制造业部门吸纳。图 6.4 中从 A 到 B 可认为是积极去工业化。反之，消极去工业化产生于对制造业产品需求的缓慢增长或下降，从制造业流出的劳动力并没有被非制造业部门吸纳，而是出现失业。图 6.4 中从 A 到 C 可代表消极去工业化。

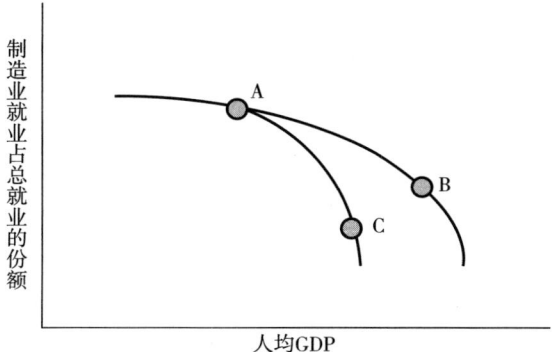

图 6.4 积极与消极去工业化

资料来源：Bazen S, Thirlwall T. UK industrialization and deindustrialization [M]. Heinemann Educational, 1997, 67 (1): 319~326.

日本制造业就业人数和份额出现了同时下降，1978 年日本制造业就业人数为 1388.8 万人，到了 2015 年下降为 1035.3 万人，减少了 353.5 万人，相对变化下降了 25.45%。同期，社会总就业人数增加幅度不大，1978 年日本总就业人数为 5408.0 万人，到了 2015 年上升为 6375.9 万人，仅增加了 967.9 万人，增加相对值为 17.89%。从制造业就业与总就业的变化中可以发现，制造业变化的幅度大于总就业。再从制造业就业份额变化与人均 GDP 变化趋势分析，如图 6.5 所示，在日本制造业就业份额持续下降的过程中，人均 GDP 呈折线变化，处于不断上升、下降的过程中。依据 Bazen 和 Thirlwall (1997) 的描述，我们可以判断日本总体上属于消极去工业化。

在去工业化的过程中，由于其本土自然资源禀赋的限制，日本的去工业化模式与美国的去工业化有本质区别。美国表现为"离制造化"，即脱离制造业，大力发展金融等服务业；日本则表现为"离本土化"，即制造业从日本本土撤出，在其他国家或地区投资生产。

从表 6.9 日本制成品进出口占 GDP 比重变化中可以看到，日本的制成品出口占 GDP 比重一直大于制成品进口占 GDP 比重，这点与美国有显著差异。美国在去工业化的过程中，初期是制成品出口占 GDP 比重大于制成品进口占 GDP 比重，而从 20 世纪 80 年代中期起，则一直是制成品进口占 GDP 比重大于制成品出口占 GDP 比重。制成品进出口差异验证了美、日两国去工业化模式的差异。

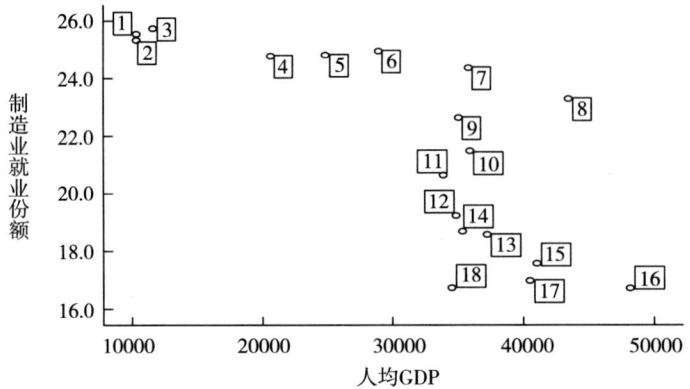

图 6.5　日本制造业就业份额与人均 GDP

注：图中数字 1、2—18 分别代表 1981 年、1983—2015 年。

表 6.9　日本制成品进出口占 GDP 比重　　　　　单位：%

年份	制成品出口	制成品进口	变化值
1975	11.84	2.22	9.62
1980	12.71	2.69	10.02
1985	13.57	2.73	10.84
1990	9.87	4.16	5.71
1995	8.62	4.17	4.45
2000	10.22	5.35	4.87
2005	13.17	7.00	6.17
2010	13.50	2.22	9.62
2015	14.24	2.69	10.02

资料来源：国际货币基金组织和中国国家统计局。

在去工业化的过程中，日本大部分位于产业链低端的制造业离开本土，政府转而扶持计算机信息服务、旅游业等第三产业，以及发展农林业，传统的制造业只保留了环保型飞机制造、节能汽车电池等。自 20 世纪 80 年代以来，日本制造业的重要产业基地不断转移国外，甚至一些高附加值产品的生产基地和研发基地也出现大规模的转移，这些均致使日本制造业产值比重和就业份额出现持续下降，加快了去工业化的进程。

6 去工业化的国际借鉴

从表 6.10 日本对外直接投资变化中可以看出，日本历年对外直接投资流出一直高于流入，自 20 世纪 90 年代中期起，对外直接投资流出保持较高的比率增长，如 2010 年日本对外直接投资为 562.60 亿美元，而到了 2013 年上升为 1357.50 亿美元，增加比率为 141.3%。同时，自 2000 年起，日本对外直接投资流入总体上呈现下降趋势，与对外直接投资流出的差距越来越大。

表 6.10　日本对外直接投资变化分析　　　单位：亿美元

年份	对外直接投资流入	对外直接投资流出	流入与流出之差
1990	17.50	480.20	-462.70
1995	0.40	225.10	-224.70
2000	83.23	315.57	-232.34
2005	27.75	457.81	-430.06
2010	-12.50	562.60	-575.10
2013	23.01	1357.50	-1334.49

资料来源：《世界统计年鉴》。

6.1.3　德国的去工业化

"二战"后，德国虽然一分为二，但其作为老牌工业强国，工业生产很快就得到了恢复，经济也在快速发展中。尤其东、西德合并后，经济更是以较快的速度得到发展，人均 GDP 也是持续增长，保持了较高的增长率。

表 6.11 显示，1970—2015 年德国实际 GDP 平均增长率为 1.99%，最大增长率为 5.26%，最小增长率为 -5.62%，标准差为 2.01%；固定资本形成总值平均增长率为 1.50%，最大值为 8.00%，最小值为 -10.08%，标准差为 4.21%。从表 6.11 中可以看出，德国人均 GDP 保持较高的增长速度，至 2015 年已经达到 48037 美元，虽然低于同期美国人均 GDP 的 56065 美元，但远高于日本。固定资本形成总值总体上也保持了较为稳定的增长率。

随着人均 GDP 的提高，德国进入工业化后期阶段，三大产业在国民经济中的地位和作用逐渐发生了改变，农业增加值占 GDP 比重继续下降，工业增加值占 GDP 比重也开始持续下降，而服务业占 GDP 比重则保持上升趋势。从

表 6.12 中可以看出,德国农业增加值占 GDP 比重在 1975 年为 3.1%,而到了 2012 年为 0.9%,下降了 2.2%。工业增加值占 GDP 比重在 1975 年为 42.1%,而到了 2012 年为 30.7%,下降了 11.4%。服务业占 GDP 比重在 1975 年为 54.8%,而到了 2012 年为 68.4%,上升了 13.6%。

表 6.11 德国国内人均 GDP、实际 GDP 增长率和固定资本形成总值增长率

年份	国内人均 GDP（当年价,美元）	实际 GDP 增长率（%）	固定资本形成总值增长率（%）
1970	4045	3.13	5.97
1975	6199	-0.87	-4.50
1980	10401	1.41	2.26
1985	14475	2.33	0.68
1990	19438	5.26	8.00
1995	23672	1.74	-0.03
2000	27529	2.96	2.34
2005	32413	0.71	0.75
2010	39993	4.08	5.39
2015	48037	1.72	1.69

资料来源:国际货币基金组织和中国国家统计局。

表 6.12 德国三大产业增加值占 GDP 比重　　　　单位:%

年份	农业	工业	服务业
1975	3.1	42.1	54.8
1980	2.4	41.1	56.5
1985	1.9	39.0	59.0
1990	1.5	37.3	61.2
1995	1.1	32.7	66.2
2000	1.1	30.8	68.2
2005	0.8	29.3	70.0
2010	0.7	30.0	69.3
2012	0.9	30.7	68.4

资料来源:世界银行数据库。

同时，德国制造业就业绝对人数和占总就业相对份额也出现了逐年下降趋势。1978年德国制造业就业人数为900.4万人，至2015年下降为775.9万人，绝对减少了124.5万人，相对下降了13.83%。在制造业就业人数出现绝对下降时，总就业人数则呈逐年上升趋势。1978年德国总就业人数为2655.9万人，至2015年增加为4006.7万人，绝对增加了1350.8万人，相对上升了50.86%。从图6.6中可以看出，德国制造业就业份额下降趋势较快，1978年德国制造业就业份额为33.9%，到了2015年为19.4%，下降了14.5%。

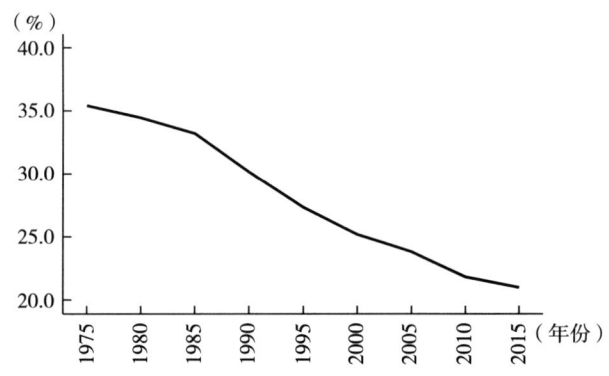

图6.6　德国历年制造业就业份额

资料来源：世界银行数据库。

综合德国工业增加值占GDP比重和制造业就业人数占总就业人数份额的双重下降趋势，可以判断德国从20世纪70年代起也开始了去工业化进程。在德国去工业化的过程中，制成品出口一直大于进口，并且随着制成品进出口占GDP比重越来越大，制成品进出口差距呈逐年加速上升趋势。

从表6.13中可以看到，1975年德国制成品出口占GDP比重是14.79%，到了2015年为37.72%，增加了22.93%。同时，1975年德国制成品进口占GDP比重是8.93%，到了2015年为26.39%，增加了17.45%。因此，尽管1975—2015年德国制成品进口占GDP比重和出口占GDP比重都是一直呈增长趋势，但总体上制成品出口占GDP比重增长趋势大于进口占GDP比重。

表 6.13　德国制成品进出口占 GDP 比重

年份	制成品出口占 GDP 比重（%）	制成品进口占 GDP 比重（%）	绝对值
1975	14.79	8.93	5.87
1980	15.72	12.22	3.50
1985	19.76	14.26	5.49
1990	20.38	16.65	3.73
1995	19.16	15.84	3.32
2000	25.84	20.66	5.18
2005	32.54	23.47	9.07
2010	34.77	25.16	9.61
2015	37.72	26.39	11.33

资料来源：国际货币基金组织和中国国家统计局。

德国制成品进出口的变化，反映了德国与美国、日本是不同的去工业化模式。德国在去工业化的过程中，制成品进口占 GDP 的比重一直远远高于其他也处于去工业化进程中的发达国家，如美国和日本。1975 年美国制成品进口占 GDP 的比重为 3.71%，至 2015 年上升为 11.83%，绝对增加了 8.12%；1975 年日本制成品进口占 GDP 的比重为 2.22%，至 2015 年为 2.69%，绝对增加了 0.47%；1975 年德国制成品进口占 GDP 的比重为 8.93%，高出美国制成品进口占 GDP 比重的 5.22%，高出日本制成品进口占 GDP 比重的 6.71%；到了 2015 年德国制成品进口占 GDP 的比重为 26.39%，较 1975 年绝对增加了 17.45%，高出美国制成品进口占 GDP 比重的 14.56%，高出日本制成品进口占 GDP 比重的 23.70%。从图 6.7 中可以看到，1975—2015 年美国和德国的制成品进口占 GDP 的比重一直呈上升趋势，日本则是先上升后下降，总体上保持不变。因此，在制成品进口占 GDP 的比重上，德国一直大于美国，而美国则一直大于日本。

再对德国、美国、日本的制成品出口占 GDP 的比重进行比较，如图 6.8 所示，可以发现德国制成品出口占 GDP 的比重总体上保持上升趋势；日本制成品出口占 GDP 的比重则是先上升再下降，然后又上升，呈现倒 U 形变化；美国制成品出口占 GDP 的比重总体上也是呈上升趋势，但变化不明显。在制

6 去工业化的国际借鉴

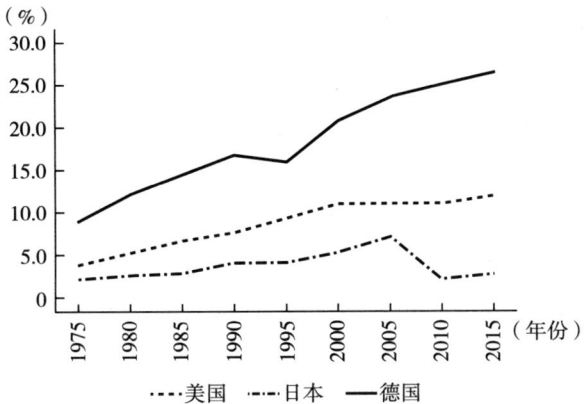

图 6.7 美、日、德制成品进口占 GDP 比重比较

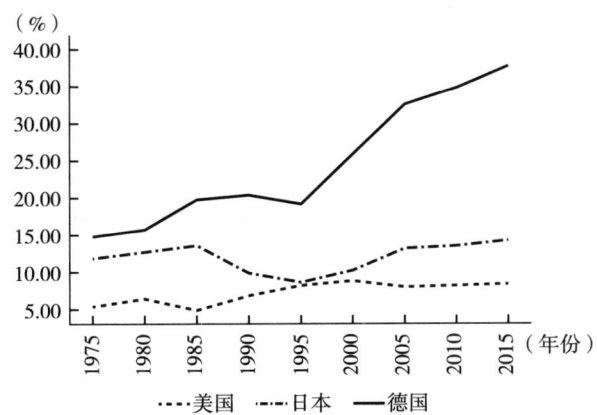

图 6.8 美、日、德制成品出口占 GDP 比重比较

成品出口占 GDP 的比重上,德国一直大于日本,而日本则一直大于美国。

6.2 其他发展中国家的去工业化

6.2.1 巴西的去工业化

巴西就是拉丁美洲中一个较为典型的发展中国家去工业化的例子。巴西历史上是传统的农业大国,至今为止农业在国民经济中还占有较高的比重,以 2012 年为例,巴西农业增加值占 GDP 比重为 5.3%,农业就业人数占总就业人数比重为 15.4%,远远高于美国、日本等发达国家,即便在发展中国家,也是属于农业占比较高的国家之一。"二战"后,巴西寻求经济快速发展,采取了进口替代的工业化发展战略,国民经济获得了高速发展。尤其进入 20 世纪 60 年代,随着全球贸易的快速扩张,发达国家出口规模进一步扩大,进口替代的工业化发展战略使巴西经济更是得到了发展机遇,在 1968—1974 年,巴西 GDP 平均增长率高达 10% 以上,也因此被称为"巴西奇迹"。随着工业化的不断推进,巴西的经济和产业结构也出现了巨大的变化,初步实现了从农业大国向新兴工业化国家的转变,并建立了较为完备的工业体系。

尽管巴西经济在不断增长中,但与发达国家相比,巴西的人均实际 GDP 还是处于比较低的水平,并且在曲折中前行,尤其从 20 世纪 80 年代开始,巴西经济更是陷入缓慢增长状态,甚至有的年份出现倒退。如图 6.9 所示,从 20 世纪 80 年代起,巴西人均 GDP 一直在缓慢上升,在 1996—1998 年达到一个阶段高峰,而后持续下降,2003 年起开始大幅增加,一直到 2011 年,然后又开始出现下降趋势,至 2015 年巴西人均 GDP 又回到 2008—2009 年水平。

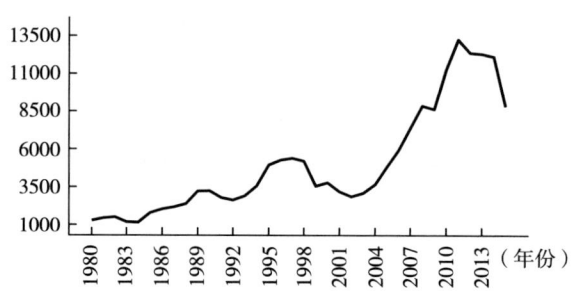

图 6.9 巴西人均 GDP 变化趋势

资料来源:国际货币基金组织和中国国家统计局。

从图 6.9 中可以发现,巴西人均 GDP 最高时也不到 13500 美元,远远低于美国、日本和德国等发达国家,考虑通货膨胀等因素,则巴西人均实际收入处于较低的水平,与发达国家开始去工业化时人均实际收入水平存在很大的差距。在巴西经济曲折前行中,巴西工业部门对经济的影响与作用逐渐削弱,工业增加值占 GDP 比重出现了大幅度的下降。在 1980—2012 年，巴西三大产业占 GDP 比重出现了巨大的转变，在 1980 年工业增加值占 GDP 比重与服务业增加值占 GDP 比重不相上下，到了 2012 年服务业增加值占 GDP 比重远远高出工业增加值占 GDP 比重。同时，农业增加值占 GDP 比重也出现了较大幅度的下降，由 1980 年的 11.0% 下降到 2012 年的 5.3%。

从表 6.14 中可以看到，1980 年巴西工业增加值占 GDP 比重为 43.8%，远高于美国等发达国家；服务业增加值占 GDP 比重为 45.2%，则远低于这些发达国家。到了 2012 年，巴西工业增加值比重下降为 26.0%，与美国、日本、英国、法国、意大利等发达国家接近，但远远低于德国；服务业增加值占 GDP 比重为 68.7%，虽然低于美国、日本、英国、法国、意大利等发达国家，但还是高于德国。

表 6.14　巴西与发达国家工业和服务业增加值占 GDP 比重比较分析

	1980 年	2012 年	变化绝对值	变化相对值
工业增加值占 GDP 比重（%）				
日本	39.1	25.6	-13.5	-34.5
英国	40.7	20.5	-20.2	-49.6
德国	41.1	30.7	-10.4	-25.3
法国	30.7	20.0	-10.7	-34.8
意大利	38.1	23.6	-14.5	-38.1
美国	33.5	21.0	-12.5	-37.3
巴西	43.8	26.0	-17.8	-40.6
服务业增加值占 GDP 比重（%）				
日本	57.9	73.2	15.3	26.4
英国	57.2	78.9	21.7	37.9
德国	56.5	68.4	11.9	21.1
法国	65.2	78.2	13.0	19.9
意大利	55.9	74.2	18.3	32.7
美国	63.6	77.7	14.1	22.2
巴西	45.2	68.7	23.5	51.9

资料来源：世界银行数据库。

巴西工业和服务业增加值占 GDP 比重的变化，表明巴西正在经历加速去工业化。在这种去工业化的过程中，巴西三次产业的就业人数占总就业人数的比重也出现了较大的变化。1983 年巴西工业就业人数占总就业人数份额为 25.4%，2011 年为 21.9%，下降了 3.5%，变化相对值为 -13.8%。同期，1983 年服务业就业人数占总就业人数份额为 47.6%，2011 年为 62.7%，增加了 15.1%，变化相对值为 31.7%。农业就业人数占总就业人数份额在 1983 年为 27.0%，到了 2011 年下降为 15.4%，下降了 11.6%。服务业就业份额的大幅上升，一方面在于工业就业份额的下降，另一方面在于农业就业份额的大幅下降。

在发达国家去工业化的过程中，农业就业份额与农业增加值占 GDP 比重均处于很低的水平。巴西则是在加速工业化的过程中出现去工业化，加速工业化与去工业化同时存在。换言之，巴西还没有进入工业化后期阶段，还需很长一段时间才能实现农业现代化。因此，巴西的农业就业份额占比较高，但农业增加值占 GDP 比重则相对较低，反映了巴西农业劳动生产率水平远低于发达国家。

同时，虽然巴西服务业在经济中占有较大的比重，但服务业本身还处于较低水平的发展阶段，服务业劳动生产率还无法与发达国家相比，无法充分吸纳从制造业，乃至农业流出的劳动力，导致一直存在较高的失业水平。在 1980—2015 年，巴西年均失业率高达 7.1%，尤其自 2000 年开始，年均失业率更是达到 9.2%，远高于其他发达国家。在 2000—2015 年，美国年均失业率为 6.4%，日本为 4.5%，德国为 7.6%。美国、日本、德国属于高收入国家，在失业人口中存在一定比例的主动性失业，而巴西人均实际收入远低于这些发达国家，失业人口中主动性失业比例会远低于美国、日本和德国等发达国家。因此，如果在计算失业率时排除主动性失业比例，巴西失业率更是远高于美国、日本和德国等发达国家。在高失业率下，巴西经济增长的势头受到抑制，增长速度放缓，"巴西奇迹"也逐渐变为"巴西陷阱"。

尤其自 20 世纪 90 年代开始，巴西货物和服务对外贸易更是逆差多于顺差，多数年份贸易余额为负值，且占 GDP 比重较高。1995—2015 年巴西货物和服务对外贸易差额占 GDP 比重平均值为 -0.54%，其中仅有 2002—2007 年存在贸易顺差；其他年份 1995—2001 年、2008—2015 年则均为贸易逆差，贸易逆差余额占 GDP 比重平均值为 1.70%。

从表 6.15 中可以发现,巴西制成品进口呈现持续大于出口的发展趋势,从长远看,这种差距表现越来越大,这表明去工业化导致了巴西制造业已经无法提供足够的制成品来满足国内需求,需要依靠大量进口才能弥补这种差额。而随着制成品进口所占比重越来越大,制成品出口所占比重越来越小,巴西国内的传统制造业将会更进一步受到挤压,制造业在国民经济中的地位和作用还会继续下降。

表 6.15 巴西制成品进出口占货物出口比重比较 单位:%

年份	制成品出口占货物出口比重	制成品进口占货物进口比重	变化绝对值
1990	51.9	56.5	-4.6
1992	57.0	59.0	-2.0
1994	55.1	67.9	-12.8
1996	53.8	69.9	-16.1
1998	54.7	76.3	-21.6
2000	58.4	73.3	-14.9
2002	52.6	74.1	-21.5
2004	53.4	71.2	-17.8
2006	50.8	70.1	-19.3
2008	44.8	70.2	-25.4
2010	37.1	74.0	-36.9
2012	35.0	73.1	-38.1

资料来源:国际货币基金组织和中国国家统计局。

同时,由于巴西制成品进口远远大于制成品出口,且从长期趋势看,制成品出口一直呈下降趋势,而制成品进口则一直呈上升趋势。这些表明,巴西国内制造业产能明显不足,在传统制造业受到进口挤压的同时,人均收入还处于较低的水平,高技术产业更是没有得到充分发展。因此,巴西显然发生了早熟去工业化。

6.2.2 马来西亚的去工业化

去工业化成为了一股国际浪潮，不但美国、日本等高收入国家出现去工业化，一大批中低收入国家也在步入去工业化的进程，马来西亚就是东亚中低收入国家中出现去工业化现象的国家之一。

马来西亚是一个新兴的多元化经济国家。20世纪70年代前马来西亚以农业为主，依赖初级产品出口。后来不断调整产业结构，大力推行出口导向型经济，电子业、制造业、建筑业和服务业发展迅速。1988—1996年连续9年保持8%以上高速增长，尽管自1997年起GDP增速开始出现下降，其中1998年更是出现-7.36%的增速，以及2009年出现-2.53%的增速，但总体上实际GDP年增长率还是处于较高水平。在经济以较快速度增长的同时，人均实际收入得到大幅提高，至2015年人均实际GDP已经达到10654美元，是1980年的6倍多。不过，从实际GDP年增长率和固定资本形成总值增长率进行分析，可以发现马来西亚经济波动幅度较大，1980—2015年实际GDP平均增长率为5.92%，最大值为10.01%，最小值为-7.36%，标准差为3.81%；固定资本形成总值平均增长率为7.42%，最大值为28.02%，最小值为-42.97%，标准差为13.79%。

表6.16 国内人均GDP、实际GDP增长率和固定资本形成总值增长率

年份	国内人均GDP （当年价，美元）	实际GDP增长率 （%）	固定资本形成总值 增长率（%）
1980	1769	7.44	24.72
1985	1978	-1.12	-9.47
1990	2374	9.01	27.07
1995	4295	9.83	22.84
2000	3991	8.86	26.42
2005	5421	5.33	4.98
2010	8656	6.98	11.04
2015	10654	4.97	3.69

资料来源：世界银行数据库。

6 去工业化的国际借鉴

在经济出现较大波动时,马来西亚三大产业就业比重也发生了较大的变化。表 6.17 显示,自 20 世纪 70 年代起,马来西亚开始加速工业化进程,工业部门就业人数不断攀升,至 1995 年工业就业人数占社会总就业人数份额达到历史高峰期。随后,由于发展策略的变化,马来西亚逐渐从劳动密集型产业转向资源密集型产业,导致工业部门就业份额开始出现持续递减趋势,至 2015 年工业部门就业人数占社会总就业人数份额仅为 27.52%。同时,农业就业份额一直呈下降趋势。在工业地位下降的同时,马来西亚大力发展以旅游业为代表的服务业,服务业就业份额一直呈上升趋势,至 2015 年服务业就业人数占社会总就业人数份额高达 60.01%。仅从就业人数上看,服务业已经成为马来西亚主导产业。

表 6.17　马来西亚三大产业就业份额　　　　单位:%

年份	农业	工业	服务业
1980	37.22	24.11	38.67
1985	30.38	23.80	45.82
1990	25.99	27.53	46.48
1995	19.97	32.34	47.69
2000	18.36	32.18	49.45
2005	14.64	29.73	55.63
2010	14.22	27.73	58.05
2015	12.47	27.52	60.01

资料来源:世界银行数据库。

同时,从马来西亚三大产业增加值占 GDP 比重看,三大产业在国民经济中的地位和作用逐渐发生了重大改变。从表 6.18 中可以看到,马来西亚农业增加值占 GDP 比重一直呈现下降趋势,从 1980 年占 GDP 比重的 23.0% 下降为 2015 年的 8.5%,绝对减少了 14.5%。工业增加值占 GDP 比重从 1990 年起开始出现下降趋势,持续到 1996 年,而后出现持续增长,到 2000 年达到历史最高点,然后一直下降,至 2015 年绝对下降了 11.9%。服务业增加值占 GDP 比重虽然出现了一定波动,但总体上则是呈现大幅增长趋势,从 1980 年的 35.2% 增长为 2015 年的 55.1%,绝对增长了 19.9%。

表 6.18 马来西亚三大产业增加值占 GDP 比重　　　　单位:%

年份	农业	工业	服务业
1980	23.0	41.8	35.2
1985	20.3	39.2	40.5
1990	15.2	42.2	42.6
1995	12.9	41.4	45.6
2000	8.6	48.3	43.1
2005	8.3	45.9	45.8
2010	10.1	37.8	52.1
2015	8.5	36.4	55.1

资料来源：世界银行数据库。

综合马来西亚的三大产业就业人数占社会总就业人数份额和增加值占 GDP 比重，我们可以认为马来西亚从 2000 年起就开始出现了去工业化现象。考察马来西亚各行业部门 GDP 增长率，还可以发现制造业部门 GDP 增长率一直维持下降趋势，1990—1994 年制造业部门 GDP 增长率为 11.7%，1995—1999 年为 5.9%，2000—2004 年为 4.5%，2005—2009 年为 0.2%，验证了马来西亚去工业化出现了加速趋势。

从马来西亚不同部门产品进出口占货物进出口比重变化趋势中，可以发现制成品进出口占货物进出口比重发生了较大的改变。表 6.19 中显示，马来西亚农业原材料和燃料出口比重一直大于进口比重；矿物和金属出口比重在 1985 年前大于进口比重，1985 年之后则一直是进口占货物进口比重大于出口比重。制成品出口占货物出口比重先是从 1980 年的 18.8% 上升为 2000 年的 80.4%，而后出现下降趋势，至 2015 年为 66.9%；制成品进口占货物进口比重一直维持在高位，从 1980 年的 66.6% 上升为 1995 年的 85.7%，随后虽然出现下降趋势，但至 2015 年还是占货物进口比重的 70.9%。从整个货物进出口变化趋势看，马来西亚制成品进口比重一直大于出口，这表明马来西亚制造业部门一直无法提供足够的制成品满足国内需求，需要依靠进口来弥补进国内需求的差额。

6 去工业化的国际借鉴

表 6.19　马来西亚部门产品进出口占货物进出口比重变化趋势　　单位:%

	1980 年	1985 年	1990 年	1995 年	2000 年	2005 年	2010 年	2015 年
出口								
农业原材料	31.0	18.4	13.8	6.2	2.6	2.5	2.6	1.8
食品	15.0	17.4	11.7	9.5	5.5	6.9	11.9	10.9
燃料	24.7	31.5	18.3	7.0	9.6	13.4	15.9	16.1
制成品	18.8	27.2	53.8	74.7	80.4	74.7	67.2	66.9
矿物和金属	10.2	5.3	2.1	1.3	1.0	1.1	2.0	3.9
进口								
农业原材料	1.9	1.3	1.4	1.3	1.3	1.2	2.0	1.8
食品	11.9	11.8	7.3	4.9	4.4	5.2	7.9	8.9
燃料	15.2	12.1	5.3	2.3	4.9	8.1	10.1	12.3
制成品	66.6	71.6	82.2	85.7	84.8	79.9	74.2	70.9
矿物和金属	4.0	2.9	3.6	3.3	3.0	3.8	5.2	5.7

资料来源:世界银行数据库。

通过对制成品贸易平衡统计分析,如表 6.20 所示,可以发现马来西亚制成品出口大于进口的主要是食品与饮料、木材制品、石油和煤炭制品、橡胶和塑料制品及其他制成品等中低端产品,而化学制品、机械(包括电子产品)、基本金属制品、非金属矿物制品、运输设备、专业和科学设备等主要依赖进口。

表 6.20　马来西亚制成品贸易平衡统计

	1990 年	1995 年	2000 年	2005 年	2008 年
食品与饮料	0.594	0.641	0.520	0.594	0.159
纺织和服装	0.082	0.122	0.271	0.082	0.302
木材制品	0.660	0.491	0.417	0.660	0.854
化学制品	−0.635	−0.428	−0.176	−0.635	0.174
石油和煤炭制品	0.512	0.382	0.379	0.512	0.052
橡胶和塑料制品	0.218	0.177	0.106	0.218	0.734
非金属矿物制品	−0.464	−0.420	−0.156	−0.464	0.155
基本金属制品	−0.492	−0.517	−0.393	−0.492	0.393

续表

	1990 年	1995 年	2000 年	2005 年	2008 年
机械（包括电子产品）	-0.093	-0.019	0.104	-0.093	0.087
运输设备	-0.598	-0.502	-0.518	-0.598	-0.407
专业和科学设备	-0.385	-0.279	-0.150	-0.385	-0.322
其他	0.357	0.024	0.223	0.357	0.288

注：计算时以（出口-进口）/（出口+进口）。
资料来源：亚洲开发银行数据库（2010）。

从马来西亚制成品贸易平衡中还可以发现，木材制品、石油和煤炭制品、橡胶和塑料制品等都属于资源密集型制成品，这些产品进口需求出现下降，出口出现大幅上升，以及从 2008 年起，除运输设备、专业和科学设备外，其他制成品都是出口大于进口。换言之，由于低端劳动密集型活动的支配，除了以外资引导的机械（包括电子产品）和专业科学设备需要高度依赖进口，其他资源型产品出口大于进口，表明马来西亚制造业正在逐渐转变为资源密集型产业，国内生产能力已经发展到更多在该国享有天然禀赋的资源型行业。但是，考虑到这些行业依赖有限的不可再生资源，政府将不得不逐步减少过度依赖这些行业。从长远看，马来西亚要继续加快工业化进程，产业深化的长期持续战略就不能建立在这些产业上。

从 2000 年开始，马来西亚制造业劳动生产率总体上出现了下降趋势，食品、非电力机械、电子产品、纺织品和服装以及运输设备等产业的劳动生产率大幅放缓。其中，电子电器行业的劳动生产率在 1990—1995 年平均每年增长 12.4%，但 1995—2000 年则下降至 7.9%，2000—2005 年仅为 1.4%，2005—2008 年为 0.3%。这些均表明，从 2000 年起制造业在马来西亚国民经济中的重要性开始下降，2000—2009 年，马来西亚制造业出现了发展工业以来的最大收缩。同样重要的是，自 2000 年以来，主要制造业的贸易表现和生产力均出现放缓或下降，尤其自 1990 年以来，马来西亚制造业结构并没有向高附加值产业转移，反而倾向于资源密集型产业。这一趋势表明，自 2000 年以来马来西亚一直面临消极的资源禀赋型去工业化。

6.3 去工业化的借鉴

6.3.1 发达国家去工业化的借鉴

去工业化包括总量去工业化和结构性去工业化。总量去工业化指一国或地区的制造业衰退、服务业兴起的过程。结构性去工业化指一国或地区在制造业转移的过程中，通过技术创新和产业结构升级，保留部分具有核心竞争力的、位于产业价值链高端的产业，并保持实体经济在本国或地区经济发展中的支柱地位。总量去工业化和结构性去工业化是两种不同的去工业化模式，它们对经济发展的影响也存在差异。

总量去工业化一般表现为制造业就业人数减少，制造业增加值占 GDP 比重降低，制造业出口比重下降，制成品进口大于出口。在总量去工业化的过程中，制造业增加值占 GDP 比重会下降到很低的水平（通常会低于 15%），工业就业人数占总就业人数份额出现大规模减少（通常低于 20%），同时，国际贸易余额出现较大的逆差。

对于结构性去工业化，由于在去工业化的过程中保留了具有国际竞争力的核心产业，高端制造业仍能在国民经济中占有重要地位，在经过一段时期的下降后，制造业增加值占 GDP 比重和制造业就业份额会保持相对稳定且较高的数值。因此，结构性去工业化则表现为更高的制造业增加值占 GDP 比重（通常高于 15%）和更高的工业就业份额（高于 20%），同时，国际贸易余额出现较大的顺差（由于工业产值中的 95% 左右是制造业创造的，本书将制造业与工业等同）。

美国属于典型的总量去工业化模式。美国制造业增加值占 GDP 比重小于 15%，工业就业人数占总就业人数份额也小于 15%，国际贸易余额占 GDP 比重为负，表现为较大额度的贸易逆差。日本也属于总量去工业化。日本制造业增加值占 GDP 比重和工业就业人数占总就业人数份额也是维持持续下降趋势，虽然制造业增加值占 GDP 比重大于 15%，但工业就业人数占总就业人数份额低于20%，且国际贸易余额占GDP比重由正值变化为负值，从贸易顺差变化为逆差。德国则属于典型的结构性去工业化。德国制造业增加值占GDP比重和工业就业人数占总就业人数份额一直维持在高于20%的水平，国际贸易余额占GDP比重一直保持正值，且占比较高。

从美国、日本和德国的去工业化表现看，这些发达国家的去工业化属于狭义的去工业化，即在新国际劳动分工下，国内产能下降，制造业大规模转移至其他国家进行生产，传统制造业的地位和作用被削弱，自身保持部分高端制造业，同时牢牢掌握位于生产链和价值链高端的研发和营销环节。美国、日本、德国这些发达国家的去工业化是经济发展到一定阶段的产物，是工业化后期出现的制造业产出和就业比重的下降，是在人均收入较高水平下出现的正常经济现象。美国、日本、德国等发达国家出现去工业化时，服务业已经达到了较高程度的发展，人们已经有能力消费一次性的服务。发达国家出现去工业化时，国内基础设施高度发达，能够满足经济发展的需要，制造业劳动生产率远高于其他部门，国内有成熟的劳动力和高级技术人才来满足制造业部门的生产需要。

发达国家去工业化伴随产业转移，主要是发达国家向发展中国家实施对外直接生产性投资，把位于产业链和价值链低端的劳动密集型产业和所谓的"夕阳"产业向外转移，自身保留位于产业链和价值链高端的高技术产业和"朝阳"产业。因此，可以认为对外直接生产性投资，而后产品返销国内，是发达国家去工业化的主要表现形式。这也是发达国家出现产业空心化的主要原因，也是中国出现了区域性去工业化现象时特别要注意的问题。在新国际劳动分工模式下，发达国家通常把握制造业产业链附加值高的研发和营销两个环节，而将附加值低的制造环节放在发展中国家进行，以获取丰厚的利润。发达国家的去工业化，是产业结构的重新调整，是在资源全球优化配置条件下，将传统就业岗位转移海外。

6.3.2 其他发展中国家去工业化的借鉴

巴西早期采用"进口替代"发展战略来实施工业化，在工业化道路上确实走了捷径，使巴西很快就初步实现了工业化，也建立了较为完善的现代工业化体系，经济实现了快速增长。然而，随着工业化的推进，以及发达国家出现普遍性的去工业化，巴西没有及时实施发展战略的转变，还是坚持"进口替代"战略，导致巴西的制造业还没有得到深度发展，就开始出现去工业化现象，这是一种特征明显的早熟去工业化现象。在早熟去工业化的进程中，由于巴西制造业在经济中的作用逐渐削弱，制成品生产能力不足，导致巴西经济对外依存度越来越明显。随着经济全球化的加速，巴西进口制成品越来越多，来自发达国家以及其他发展中国家的进口制成品不断地抢占巴西国内制成品市场，在挤压巴西国内的制造业时，更是加速了巴西的早熟去工业化进程。

马来西亚在1995年工业就业份额达到历史高峰期。随后，由于发展策略的变化，马来西亚逐渐从劳动密集型产业转向资源密集型产业，导致工业部门就业份额与产值比重均开始出现持续递减趋势，至2015年工业部门就业份额仅为27.52%，产值比重仅占36.4%。与此同时，马来西亚大力发展以旅游业为代表的服务业，至2015年服务业就业人数份额高达60.01%，产值比重则占55.1%。随着工业占比下降，马来西亚制造业对外依存度越来越高，制造业部门一直无法提供足够的制成品满足国内需求，需要依靠进口来弥补国内需求的差额，导致制成品进口比重一直大于出口。另外，马来西亚制成品出口大于进口的主要是食品与饮料、木材制品等资源型中低端产品，而化学制品设备等中高端产品主要依赖进口。换言之，由于整个制造业主要依赖低端劳动密集型，除了一些高技术产品需要高度进口，其他资源型产品则是出口大于进口，表明马来西亚在加速工业化的进程中，制造业已经逐渐转变为以资源密集型产业为主，国内生产能力也主要转移到了具有资源优势的资源型行业，这些均表明马来西亚出现了资源禀赋型早熟去工业化现象。

从巴西和马来西亚的早熟去工业化现象中，我们可以发现，两国出现去工业化现象时，是在工业化还没有完成时出现的不正常经济现象。同时，巴西和马来西亚出现去工业化现象时，人均实际收入水平还处于较低的层次，现代服务业还没有得到充分发展，人们还没有能力消费一次性的服务。由于还处于加速工业化阶段，整个社会还没有进入后工业化阶段，巴西和马来西亚国内基础设施还较为落后，无法满足现代经济发展的需要，在现代化机场、高速公路、港口、电力和通信网络等方面还是远跟不上现代经济发展的步伐。当出现早熟去工业化现象时，由于就业压力，巴西和马来西亚转而把扩大就业的重点放在服务业,进而对服务业加大投入,导致大量资源涌入服务业,出现服务业的过度投入和产能过剩现象。同时,随着工资水平的提高,巴西和马来西亚进入传统制造业的就业人员急剧减少,导致制造业部门缺乏成熟的劳动力和高级技术人才,进而加剧了国内的早熟去工业化。

6.4 本章小结

本章分析了美国、日本、德国等发达国家去工业化现象,分析了巴西和马来西亚等其他发展中国家去工业化现象,讨论了发达国家与其他发展中国家去工业化对中国现阶段出现区域性去工业化现象需要借鉴之处。

美国属于典型的总量去工业化模式。在这种总量去工业化的进程中,美国保持了高技术产业的领先地位,占据制造业产业链和价值链的高端环节,从而经济增长受到的影响较小,人均 GDP 保持了持续增长。日本则属于与美国不同的另一种总量去工业化模式。日本在总量去工业化进程中,由于制造业大规模离开本土,对经济增长产生了较大的负面作用,人均 GDP 增长较慢,自 2012 年更是出现了较大幅度的下降。德国属于典型的结构性去工业化。在去工业化的进程中,德国制造业增加值占 GDP 比重和工业就业人数占总就业人数份额一直保持较高水平,国际贸易也是保持顺差,且占比较高,这是一种结构性的去工业化。结构性去工业化是一种积极主动的去工业化,在去工业化的进程中,德国经济保持了稳定增长,人均 GDP 也得到了大幅提高。

巴西采用进口替代战略,导致在加速工业化阶段出现去工业化。这种在国内产能不足、高技术产业没有得到充分发展、人均收入水平较低时出现的去工业化,属于早熟的去工业化。在早熟去工业化下,巴西经济增长的势头受到抑制,失业率高居不下,增长速度放缓。进入 21 世纪以来,巴西为避免陷入中等收入陷阱,一方面选择发展消费性经济,继续发展扩大服务业;另一方面则走向以自然资源出口来促进发展的道路,忽视发展劳动密集型的基础工业,逐渐从原来的工业强国变为发达国家的原材料基地。

马来西亚在加速工业化的进程中,由于没有及时改变产业发展战略,过分倾向与发展资源密集型产业和以旅游业为代表的服务业，从劳动密集型制造业转向资源密集型制造业，制造业劳动生产率出现大幅下降，导致工业就业份额和工业增加值占 GDP 比重出现持续下降趋势，工业在国民经济中的主导地位被服务业逐渐替代，出现了以资源禀赋为特征的早熟去工业化。

7 研究结论、政策建议与研究展望

7.1 研究结论

7.1.1 关于中国去工业化的现状

本书以制造业就业人数和占全国总就业的份额、制造业增加值占GDP的比重、制造业出口占产品出口总额的比重作为测量总量去工业化的指标，通过分析发现中国目前还没有出现总量去工业化现象。

本书以近五年的制造业就业人数占总就业的比重、工业增加值占地区GDP的比重作为区域性去工业化的测度指标，通过分析发现中国已经出现了区域性去工业化现象。

在区域性去工业化中，存在积极去工业化和消极去工业化。本书依据高新技术产业总产值占GDP的比重大于15%和全要素能源效率在0.8及以上判断属于积极去工业化；反之，则属于消极去工业化。本书通过分析发现北京、天津、上海、福建等发生了积极去工业化，河北、山西、甘肃、青海等省份发生了消极去工业化。

河北、山西、甘肃、青海等省份出现去工业化现象，表面上是因环境治理、生态保护与工业发展存在冲突而出现的，但本质上还是高技术产业发展不足，能源投入浪费严重而引起的，是在工业化还没有进入后期阶段出现的去工业化现象。因此，本书认为这些省份符合消极去工业化的判断，把它们归属于消极去工业化类型。

7.1.2 关于中国去工业化的原因

本书以制造业生产率的变化、制造业对非制造业部门的溢出效应、制造业产出和就业的影响因素为基础，对中国去工业化原因进行了分析。

通过对制造业和服务业需求收入弹性进行比较，发现了制造业的需求收入弹性波动幅度不如服务业，在2005—2015年制造业需求收入弹性出现急剧下降。通过分析不同部门生产力增长率对GDP增长率的影响，发现制造业对经济增长的影响在逐渐缩小，农业对经济增长的影响也是一直呈现缩小趋势，服务业对经济增长的影响则在逐渐扩大。

本书发现，制造业扩张对非制造业就业产生溢出效应，尤其对农业部门产生较强的就业溢出效应。在制造业快速增长时期，制造业对农业部门从业人员就业吸引力也随之上升，非制造业中的就业变化主要是从农业部门流向制造业部门；而在制造业发展变缓时期，此时也是服务业快速扩张时期，需要大量的就业人员进入服务业，制造业部门对农业部门从业人员的就业吸引力随之大幅下降，从农业部门流出的就业人口以更大的比例进入服务业。

通过回归分析，发现人均实际收入、社会固定资本形成和进出口贸易是影响中国制造业产出的重要因素。在工业化初期，制造业增加值占GDP比重与人均实际收入是呈上升趋势的，到了工业化后期，在人均实际收入达到某一界限时，此时制造业增加值占GDP比重开始出现持续下降趋势，即制造业增加值占GDP比重与人均实际收入存在倒U形关系。社会固定资本形成总额主要出现在制造业部门，因此，社会固定资本总额对制造业产出存在重要的影响。随着经济全球化的加速，制成品进出口贸易对世界各国的制造业产生了重要的影响。

同时，通过回归分析，发现人均实际收入、社会固定资产投资和进出口贸易是影响中国制造业就业变化的重要因素。当人均实际收入较高时，制造业就业吸引力开始出现下降，因此，制造业就业与人均实际收入也存在倒U形关系。制造业是资本集聚产业，随着社会固定资产投资的增加，制造业扩大生产需要吸纳更多的劳动力。同时，进出口贸易扩大，需要更多的劳动力来生产才能满足出口需要。

7.1.3 关于去工业化对中国经济增长的影响

本书分析了中国去工业化的特征，以及区域性去工业化对中国经济增长的积极与消极影响。

本书从对外直接投资的角度分析，认为中国去工业化的特征主要存在四个方面：一是中国对外直接投资呈现强劲增长；二是中国对外直接投资主要面向发展中经济体；三是制造业和生产性服务业的对外直接投资呈现大幅增长；四是中国对外直接投资和吸引外商直接投资并举。

本书认为积极去工业化属于结构性去工业化现象，促进了中国产业转型升级，加速了对外生产性投资，有助于中、西部区域经济平衡发展。但是，需要注意的是，消极去工业化属于早熟去工业化现象，其对经济增长存在很大的负面影响，去工业化导致社会生产效率出现大幅下降，促使国民经济出现结构性减速，并引发一系列经济社会问题。

7.1.4 关于发达国家与其他发展中国家去工业化的借鉴

本书以美国、日本、德国为例，分析了发达国家去工业化的借鉴。以巴西和马来西亚为例，分析了其他发展中国家去工业化的借鉴。通过分析，本书发现美国属于脱离制造业，重心发展金融业等服务业，导致产业空心化的总量去工业化模式；日本因自身资源禀赋限制，导致制造业离开本土，属于脱离本土化的总量去工业化模式；德国则是大力发展高技术产业和现代制造业，属于典型的结构性去工业化模式。对于巴西和马来西亚，两国则是在加速工业化阶段出现去工业化，属于早熟的去工业化。

美国、日本、德国等发达国家去工业化伴随产业转移，主要是这些发达国家向发展中国家实施对外直接生产性投资，而后产品返销国内，这也是发达国家出现产业空心化的主要原因，也是中国出现了区域性去工业化现象时特别要注意的问题。

巴西和马来西亚出现去工业化现象时，还处于加速工业化阶段，整个社会还没有进入后工业化阶段，是在工业化还没有完成时出现的不正常经济现象。当出现早熟去工业化现象时，巴西和马来西亚把扩大就业的重点放在服务业，对服务业加大投入,导致大量资源涌入服务业,出现服务业的过度投入和产能过剩现象。同时,巴西和马来西亚进入传统制造业的就业人员出现持续减少,导致制造业部门缺乏成熟的劳动力和高级技术人才,进而加剧了国内的早熟去工业化,并引起产业空心化问题。巴西和马来西亚出现的早熟去工业化现象值得中国警惕。

7.2 政策建议

7.2.1 积极利用结构性去工业化化解产能过剩

发达国家的工业化、后工业化、去工业化和再工业化是一种必然的发展过程,现阶段表现为去工业化和再工业化并存。作为发展中大国,中国不一定会走这种发展路径,但必然会受到这种发展路径的影响。尽管中国目前依然处于工业化中后期,尚未完成工业化,但是后工业化和去工业化并存的因素和现象已经产生。发达国家出现去工业化时,工业生产率已经达到了较高的水平,是主动的去工业化行为。中国目前工业生产率总体水平还不高,还有很大的提升空间,还需要大力发展制造业,且人均实际收入也远远没有达到发达国家去工业化时的水平,此时如果总量上工业产出与就业规模出现下降,可以认为是早熟的去工业化,会对中国经济增长前景产生极为不利的影响。与发达国家及发展中小国不同,中国区域范围广、区域经济社会发展差异大、内循环能力很强,这些决定了中国可能出现其他国家没有的区域性去工业化现象。因此,中国虽然没有出现总量去工业化,但区域性的结构性去工业化现象较为明显。

全球化背景下,产能过剩不但是发达国家需要面对的问题,也是很多发展中国家需要面对的问题,中国也出现了产能过剩问题。从美国、日本、德国等国家的经验看,化解本国产能过剩的一个有效途径就是国家通过去工业化实施国际产业转移。从 20 世纪 50 年代起,美国开始有计划地实施国际产业转移,不仅向发展中国家输出位于产业链和价值链低端的劳动密集型产业,还向如日本等发达国家部分输出高新技术的生产和制造工序等。随着经济发展进入全球化,美国更是加大了国际产业转移活动,如 2013 年美国主导启动跨大西洋贸易和投资伙伴协议谈判,以求降低本国企业进出口贸易成本,从而有效地实施了产业输出,缓解了国内产能过剩问题。德国在 20 世纪 60—70 年代钢铁、煤炭等传统行业也先后出现严重产能过剩,德国政府一方面通过财政支持鼓励推广新技术、新设备,另一方面加大本国制造业出口的支持力度,通过扩大国际化市场,加大对外直接投资,转移部分过剩产业至其他国家等,有效地解决了产能过剩问题。日本政府在面临产业产能过剩问题时,也是积极向海外进行产业转移,政府引导企业实施出口导向发展策略,把大量劳动密集型产业转移至东亚、东南亚发展中国家,有效地缓解了本国产能过剩问题。这些均表明,世界主要发达国家在去工业化下通过产业转移,把过剩产能通过国际分工在其他发展中国家得到了化解。

中国可以积极利用结构性去工业化来化解产能过剩。新时代下中国产业结构转型升级要重点关注如何改善资源配置效率,如何提高劳动生产率。化解过剩产能,需要对传统制造业实施技术改造升级,向高附加值和高加工度升级,以及加大高端制造业和现代服务业融合互动发展。通过国家顶层设计,有目的、有导向地实施对外产业转移。在国家间的合作战略规划下,中国企业有目的地参与国际产业分工,既能将国内一些成熟但产能有剩余的产业转移到合作国家,促进双方的产业发展,同时又能避免国内产业资本盲目参与国际市场竞争。可以依托"一带一路"倡议,加大对其他发展中国家的直接生产性投资,实施产业转移,把传统制造业向国外转移,既可化解部分过剩产能,又可帮助这些国家发展传统制造业,加快工业化进程。

7.2.2 利用区域性去工业化促进产业转移

去工业化不是单独出现的,一个国家或地区出现去工业化现象,都会伴随产业结构调整,以及引起产业转移。产业结构调整导致产业出现跨国或跨地区的转移,从而加速去工业化进程。而随着去工业化加速,产业转移又反过来推进了各国或地区的产业结构优化和调整。由于生产成本上升、资源环境恶化、供需条件发生改变等,经济发达地区为继续促进当地的经济发展,把在本地相对不具有比较优势的产业,但对于经济欠发达地区又存在比较优势的部分产业,转到其他经济相对欠发达地区是经济发展的正常现象,是区域产业结构调整的结果，这也恰恰是区域性去工业化的体现。从国际经验看，承接发达国家或国内发达地区因去工业化而进行转移的产业是欠发达地区快速实现产业结构调整和产业转型升级的重要途径。进入 21 世纪，中国大力推进中部崛起等发展战略，需要加快东部地区向中西部地区实施产业转移的步伐，而中西部地区则承接来自东部沿海地区因区域性去工业化而需要转移的部分具有动态比较优势的产业，从而加快产业升级，快速实现工业化和现代化，这是促进区域协调发展的重要途径。

当前，中国中西部地区在承接东部地区转移产业时，已经呈现出较为明显的阶段性特征，进入中西部地区的省外资金逐年递增，落户中西部地区的大中型项目越来越多，但总体上还没有出现大规模的产业转移。随着劳动力成本上升、资源紧张、环境污染严重等引起部分产业不再具有比较优势，东部地区日益面临产业结构调整和优化升级的急迫压力，部分缺乏动态比较优势的产业往中西部地区转移已是大势所趋。尽管中国政府持续加大制度建设，出台了一系列针对性政策来改善产业转移的制度环境，但还存在种种阻力影响产业转移，导致区域间产业转移进程不尽如人意。国家要积极利用东部地区出现的区域性去工业化，促进东部沿海地区部分产业向中西部地区加快转移步伐。要积极利用国内区域的产业梯度转移规律，促进欠发达地区承接发达地区因区域性去工业化而转移出来的产业，替代原有处于产业链低端的产业。在产业转移和升级换代的过程中，国家和地方政府要加大制度建设力度，要制定行业相关标准，进而通过标准倒逼中国制造业升级。东部地区要引进和发展先进技术和先进制造业，不断自主科技创新，通过创新来引领传统产业升级转型。西部地区现有的老工业园区，结合自身资源优势，在承接东部沿海地区的转移产业时，也要继续引进发达国家的转移产业，推动其升级换代。

7.2.3 警惕早熟去工业化引起产业空心化

无论发达国家还是发展中国家，制造业都是经济增长的引擎和动力。发达国家与发展中国家出现去工业化现象时，都是制造业产出和就业的双重下降，是制造业在经济中的地位与作用的削弱。技术创新引发的生产率增长、新国际劳动分工和全球化竞争导致低技能劳动密集型产品竞争力下降是发达国家和发展中国家去工业化的共同决定因素。在去工业化的过程中，生产全球化部分地替代了国内制造业,部分或全部中低端制造业发生产业外迁现象,进而导致国内出现产业空心化。尤其对于出现了去工业化现象的发展中国家而言,伴随产业空心化,这些发展中国家传统就业岗位从劳动密集型的低端制造业流出,大量就业人员进入服务业,因而服务业得到发展,其产出占GDP比重和就业占社会总就业比重出现大幅上升,成为经济中的第一产业。但这些国家人均收入水平无法支撑服务业的快速发展,又导致出现服务业产能过剩问题。

当前中国已经出现了区域性去工业化现象,从对外直接投资的角度观察,中国对其他发展中国家的生产性投资,本质上是中国国内生产性资本的重要组成部分。中国这些资本进入其他发展中国家的中低端制造业,对其他发展中国家中低端制造业的产出、就业、出口和技术进步产生了重要的影响,但也在一定程度上加速了中国区域性去工业化现象。尤其值得注意的是,虽然对外直接投资对于中国参与全球化竞争具有十分重要的作用,但我们要警惕在中西部地区出现的早熟去工业化现象。早熟去工业化往往伴随产业外迁,进而引起当地的产业空心化。当前中国中西部地区还处于加速工业化阶段,中国绝大部分省份还没有进入后工业化阶段,产业结构还没有实现较好的升级,还不具备出现积极去工业化的条件,还无法承受出现大范围消极去工业化现象的后果。因此,在中国加速发展新型工业化时,必须注意中国区域经济发展不平衡,不能因部分省份开始进入后工业化阶段而忽视绝大部分省份还处于加速工业化阶段,要警惕部分省份出现的早熟去工业化现象,要防止因早熟去工业化而引起产业空心化。

7.2.4 通过创新和信息化促进新型工业化发展

自20世纪70年代以来,信息技术和新能源领域的创新引领孕育了第三次工业革命,标志着第三次工业化革命的到来。第三次工业革命是一种与前两次工业革命截然不同的新模式工业化革命,因此,学界把第三次工业革命直接认同为新工业革命。新工业革命的核心内涵是信息技术革命和新能源技术创新,其主要特征表现为产业数字化和智能化。具体而言,新工业革命主要包括制造业的数字化和智能化,以及新材料、新能源、生物电子等技术革命。第三次工业革命或新工业革命正在对各国经济发展产生重大影响,无论发达国家还是发展中国家,都在积极进入新工业革命中来。对于中国来说,目前正在推进和完

7 研究结论、政策建议与研究展望

善第三次工业革命，还有部分领域处于领先地位。新工业革命在推动中国制造业数字化和智能化的同时，也将推动中国制造业服务化的进程。

通过创新和信息化促进新型工业化发展是中国应对去工业化的必然选择，也是中国积极参与新工业革命的必然选择。新型工业化与信息化相互融合同步发展是新时期党和政府在对中国基本国情准确把握的基础上做出的重要战略决策。党的十六大报告提出"以信息化带动工业化、以工业化促进信息化、走新型工业化道路"，党的十八大提出"坚持走中国特色新型工业化、信息化、城镇化、农业现代化道路，推动信息化和工业化深度融合"，党的十九大又提出"推动新型工业化、信息化、城镇化、农业现代化同步发展"，均体现了中国政府以创新和信息化促进新型工业化发展的正确抉择。在新时代下，创新和信息化是中国新型工业化道路能否成功的关键。进入经济新常态下，中国区域产业结构调整和升级面临着许多新的问题，如人口红利下降，资本边际收益率递减，中西部区域创新能力不强，需要正确处理技术引进、自主创新与技术升级的关系。在这种情况下，中国尤其要重视创新和信息化对发展新型工业化的促进作用，要通过创新和信息化促进新型工业化发展。

7.2.5 坚持生产多样化甄别比较优势产业

产业升级是产业结构不断转变的过程，也是经济发展的过程中为了适应外部发展环境变化的产业内部不断调整的过程。产业升级是不断提高产业效率的过程，在产业结构转型升级中，如何寻找具有潜在动态比较优势的产业决定了产业升级方向和未来发展趋势。在市场经济条件下，任何一个区域的经济发展都是由其具有多少动态比较优势的产业发展所决定。发展具有动态比较优势的产业是促进区域经济持续增长的关键。同时，在产业结构变革的过程中，如何选择优势产业将影响整个区域的经济结构是否能够发生重大改变。因此，从地区经济长远发展看，如何选择和培育适合本区域的具有长期动态比较优势的产业至关重要。

在区域性去工业化下，东部沿海地区存在部分产业已经缺乏了相对比较优势，但这些产业对于中西部地区而言，又还存在相对比较优势。因此，现阶段中国存在东部地区如何转移出这部分产业，中西部地区急需承接、引进具有相对比较优势产业，加快工业化进程的迫切问题。东部地区转移出了部分不具有动态比较优势的产业后,又存在如何发展那些具有长远潜在优势的产业,中西部地区是否全盘接纳东部转出的产业,或如何从中选择具有潜在发展优势的产业等问题。在经济全球化发展及产业结构进入深度调整的大背景下,发展中国家和欠发达地区加快承接转移产业,虽然在短期内能够刺激其经济快速增长,但是,如果缺乏正确理念的指导,盲目全盘承接产业转移则会为当地经济长期可持续发展带来巨大隐患。从当前中国各省份优势产业布局分析,各省份的优势产业具有较大的趋同性且发展极不均衡。为此,各省份应明确自身发展产业的优势所在,精准定位相对和绝对优势产业,实现区域性错位发展。各省份要坚持生产多样化甄别比较优势产业,既要充分发扬承接产业转移带来的优点,更要注意矫正承接产业转移带来的诸多弊端。产业承接地要结合当地生态环境承接能力,发展具有长期潜在比较优势的地方产业,以促进当地经济、社会和生态环境的可持续发展。

7.2.6 通过能源生产和消费革命促进制造业生产转型升级

当前中国制造业普遍存在能耗高、污染大、技术含量低等问题,对提高经济增长质量,转变经济增长方式极为不利。要改变制造业两高一低的现状,从而推动经济发展质量变革,提高全要素生产率,建立实体经济、科技创新、现代金融、人力资源协同发展的产业体系,制造业必须转型升级。党的十九大报告提出,"加快建设制造强国,加快发展先进制造业,推动互联网、大数据、人工智能和实体经济深度融合,在中高端消费、创新引领、绿色低碳、共享经济、现代供应链、人力资本服务等领域培育新增长点、形成新动能。支持传统产业优化升级,加快发展现代服务业,瞄准国际标准提高水平"。从党的十九大报告中可以看出,加快发展先进制造业,促进制造业生产转型升级是今后相当长时期中国制造业的发展目标。

通过能源生产和消费革命促进制造业生产转型升级是中国实现工业转型升级的必然选择。通过能源生产和消费革命促进制造业生产转型升级的本质在于通过不断提升制造企业科技创新能力,构建市场导向的绿色技术创新体系,推动中国制造业达到资源全面节约和循环利用,实现从全球价值链低端环节向高端环节跃迁。中国制造业转型升级面临的主要困境是制造业企业普遍自主创新能力不强,自身创新意识不足,对技术引进存在很大的依赖性。同时,制造业创新的外部环境、制度环境较为复杂,存在种种体制机制束缚制造业的自主创新。重塑中国制造业转型升级的动力机制,需要把推动制造业转型升级的着力点更多放在企业自主创新上,加强国家创新体系建设,强化战略科技力量。中国制造业必须抓住前所未有的机遇,通过能源生产和消费革命促进制造业生产转型升级,不断提升核心竞争力,最终促进中国产业迈向全球价值链中高端,培育若干世界级先进制造业集群。

7.2.7 通过"一带一路"倡议促使更多企业走出去投资

在发达国家的去工业化进程中,全球化是引起发达经济体去工业化的重要因素之一。然而,随着全球化加剧,不同国家和地区获得的发展机会不同,有些国家和地区受益很多,而另一些国家和地区受益相对较少。经过一段时间的全球化发展后,国家和地区之间的收入差距就越来越大,造成了巨大的不均衡发展问题。因此,进入新时代,需要针对全球化转型发展的新策略以扭转全球发展不均衡问题,"一带一路"有助于促进全球化实行转型发展。实施"一带一路",有助于拉动投资增长,提升国际贸易增长,促进全球经济增长;有利于促进地区自然资源和人力资源的更好开发利用,促进产业更好发展。"一带一路"框架下的产业开发区、经济开发区、工业园区等建设,有利于促进发展中国家的工业化加速发展。这些都将直接拉动全球经济增长,也有利于促进全球化实行更好的转型发展。

中国出现的去工业化现象,既与美国、日本、德国等发达国家的狭义去工业化模式存在本质区别,也与巴西等发展中国家的早熟去工业化存在本质区别。中国以北京、上海等为代表的去工业化现象表现为国内产能维持不变,同时又在国外进行生产性投资,是一种区域性去工业化现象。当前,中国中、西部地区加速工业化和东部地区去工业化并存,工业化进程中长期累积的结构性矛盾凸显,产能低端过剩与高端短缺并存,许多行业大而不强,工业化质量还不高。工业特别是制造业是技术进步和构建产业新体系的主战场,推进新型工业化,必须要在能够有效提升价值链层级的研发设计等关键环节取得突破。新型工业化既要瞄准国际标准加快传统产业优化升级,又要进一步拓展延伸产业链、提升价值链、完善供应链,促进产业迈向中高端,全面提升产业核心竞争力。在推进新型工业化的过程中,"一带一路"倡议有助于中国构建起自身的全球价值链网络。中国需要把产业转型升级及对外转移与"一带一路"倡议结合，通过加大对外直接生产性投资，促使更多企业走出去参与"一带一路"建设，逐渐形成以中国为主导的区域性乃至全球性的生产网络和全球价值链体系。越来越多的中国企业"走出去"，在更大范围配置资源，这正是工业化进入新阶段的表现。未来要以"一带一路"建设为重点，坚持"引进来"与"走出去"并重，深化产业开放合作，使工业化的过程成为中国企业提升全球竞争力的过程，成为为全球发展贡献中国智慧和力量的过程。

7.3 研究展望

本书在对国内外去工业化文献梳理的基础上，对中国去工业化问题进行了研究，得出了一些结论，并对去工业化下中国产业发展路径等提出了政策建议。但由于种种限制，还有较多工作没有完成，至少存在以下几个方面需要进行深度研究和重点关注来加以完善。

（1）中国依然处于工业化中后期，尚未完成工业化，但是后工业化和去工业化并存的因素和现象已经产生；中国虽然没有出现总量去工业化现象，但结构性去工业化现象较为明显。借鉴发达国家去工业化经验，分析中国结构性去工业化下如何实现产业结构升级和产业转移，发展高技术产业，以及在"一带一路"倡议下如何化解产能过剩，如何促使更多企业走出去投资是后续研究需要继续补充的内容。

（2）本书虽然分析了中国去工业化新特点、新变化，并分析了中国区域去工业化现象对经济增长的影响，但有关"一带一路"对中国区域性去工业化的深度影响，去工业化现象对中国农业、服务业的影响，以及如何警惕早熟去工业化，预防产业空心化等分析不足，这是本书后续研究需要加强的部分。

（3）当前以美国为首的发达国家先后提出再工业化，必然对发展中国家的工业化进程产生重大影响。在发达国家再工业化背景下，中国如何实现制造业转型升级，如何发展先进制造业，如何培育若干世界级先进制造业集群等是本书后续研究的重点。

参考文献

[1] 陈刚, 刘珊珊. 产业转移理论研究: 现状与展望 [J]. 当代财经, 2006 (10): 91~96.

[2] 陈汉林, 朱行. 美国"再工业化"对中国制造业发展的挑战及对策 [J]. 经济学家, 2016 (12): 37~44.

[3] 程晓农, 仲大军. 中国为何出现"去工业化"的现象 [J]. 山东经济战略研究, 2005 (Z1): 72~74.

[4] 储德银, 建克成. 财政政策与产业结构调整——基于总量与结构效应双重视角的实证分析 [J]. 经济学家, 2014 (2): 80~91.

[5] 戴觅, 茅锐. 产业异质性、产业结构与中国省际经济收敛 [J]. 管理世界, 2015 (6): 34~46.

[6] 丁建军. 产业转移的新经济地理学解释 [J]. 财经科学, 2011 (1): 35~42.

[7] 豆建民, 沈艳兵. 产业转移对中国中部地区的环境影响研究 [J]. 中国人口·资源与环境, 2014 (11): 96~102.

[8] 范从来, 杜晴. 产业结构影响 M2/GDP 比值的实证研究 [J]. 中国经济问题, 2015 (2): 3~12.

[9] 冯根福, 刘志勇, 蒋文定. 中国东中西部地区间工业产业转移的趋势、特征及形成原因分析 [J]. 当代经济科学, 2010 (2): 1~10.

[10] 干春晖, 郑若谷, 余典范. 中国产业结构变迁对经济增长和波动的影响 [J]. 经济研究, 2011 (5): 4~16.

[11] 高登榜. 产业转移中的主导产业选择与承接模式研究 [D]. 合肥:

合肥工业大学，2013.

[12] 高峰．发达国家"后工业化"一定时期生产率增长率下降之谜 [J]．当代经济研究，2006（1）：1~6.

[13] 高远东，张卫国，阳琴．中国产业结构高级化的影响因素研究 [J]．经济地理，2015（6）：96~101.

[14] 关雪凌，丁振辉．日本产业结构变迁与经济增长 [J]．世界经济研究，2012（7）：80~86.

[15] H. 钱纳里，S. 鲁宾逊，M. 赛尔奎因．工业化和经济增长的比较研究．吴奇，王松宝等译 [M]．上海：上海人民出版社，1995.

[16] 韩艳红．中国欠发达地区承接发达地区产业转移问题研究 [D]．吉林：吉林大学，2013.

[17] 贺俊，吕铁．从产业结构到现代产业体系：继承、批判与拓展 [J]．中国人民大学学报，2015（2）：39~47.

[18] 贺曲夫，刘友金．我国东中西部地区间产业转移的特征与趋势——基于2000—2010年统计数据的实证分析 [J]．经济地理，2012（12）：85~90.

[19] 何德旭，姚战琪．中国产业结构调整的效应、优化升级目标和政策措施 [J]．中国工业经济，2008（5）：46~56.

[20] 何平，陈丹丹，贾喜越．产业结构优化研究 [J]．统计研究，2014（7）：31~37.

[21] 何自力．去工业化、去周期化与经济停滞常态化——一个认识当代资本主义的新视角 [J]．华南师范大学学报（社会科学版），2015（4）：33~38.

[22] 黄亮雄，王贤彬，刘淑琳，韩永辉．中国产业结构调整的区域互动——横向省际竞争和纵向地方跟进 [J]．中国工业经济，2015（8）：82~97.

[23] 黄永春，郑江淮，杨以文．中国去工业化与美国再工业化冲突之谜解析——来自服务业与制造业交互外部性的分析 [J]．中国工业经济，2013（3）：7~19.

[24] 胡鞍钢．中国进入后工业化时代 [J]．北京交通大学学报（社会科

学版),2017(1):1~16.

[25] 胡立君,薛福根,王宇.后工业化阶段的产业空心化机理及治理——以日本和美国为例[J].中国工业经济,2013(8):122~134.

[26] 胡连生.从"去工业化"到"再工业化"——兼论当代资本主义日渐衰微的历史趋势[J].理论探讨,2016(2):163~167.

[27] 胡树光,刘志高,樊瑛.产业结构演替理论进展与评述[J].中国地质大学学报(社会科学版),2011(1):29~34.

[28] 纪明,梁东黎.后工业化时代经济大国低经济增长率之迷:结构变迁视角[J].经济管理,2011(3):17~25.

[29] 计保平.产业结构调整绝不是"去工业化"[J].中国经济周刊,2014(7):18~19.

[30] 江瑞平.日本产业空心化的实态、症结及其"中国因素"[J].日本学刊,2003(3):6~18.

[31] 江小涓.理论、实践、借鉴与中国经济学的发展——以产业结构理论研究为例[J].中国社会科学,1999(6):4~18.

[32] 金碚.中国工业发展报告.2011,中国工业的转型升级[M].北京:经济管理出版社,2011:36~38.

[33] 柯善咨,赵曜.产业结构、城市规模与中国城市生产率[J].经济研究,2014(4):76~88.

[34] 西蒙·库兹涅茨.各国的经济增长[M].常勋等译.北京:商务印书馆,1985:5~8.

[35] 李丹.美国再工业化战略对中国制造业的多层级影响与对策[J].国际经贸探索,2013(6):4~14.

[36] 李力行,申广军.经济开发区、地区比较优势与产业结构调整[J].经济学(季刊),2015(3):885~910.

[37] 李培林.老工业基地的失业治理:后工业化和市场化——东北地区9家大型国有企业的调查[J].社会学研究,1998(4):3~14.

[38] 刘红光,王云平,季璐.中国区域间产业转移特征、机理与模式研究[J].经济地理,2014(1):102~107.

[39] 刘红光,刘卫东,刘志高.区域间产业转移定量测度研究——基于

区域间投入产出表分析 [J]. 中国工业经济, 2011 (6): 79~88.

[40] 刘戒骄. 美国再工业化及其思考 [J]. 中共中央党校学报, 2011 (2): 41~46.

[41] 刘友金, 胡黎明. 产品内分工、价值链重组与产业转移——兼论产业转移过程中的大国战略 [J]. 中国软科学, 2011 (3): 149~159.

[42] 雒海潮, 苗长虹, 李国梁. 不同区域尺度产业转移实证研究及相关论争综述 [J]. 人文地理, 2014 (1): 1~8.

[43] 马淑琴, 张晋. 中国 ODI 能导致产业空心化吗?——以浙江和广东为例 [J]. 经济问题, 2012 (7): 32~34.

[44] 孟祺. 美国再工业化的政策措施及对中国的启示 [J]. 经济体制改革, 2012 (6): 160~164.

[45] 潘未名. 跨国公司的海外生产对母国"产业空心化"的影响 [J]. 国际贸易问题, 1994 (12): 14~18.

[46] 乔晓楠, 杨成林. 去工业化的发生机制与经济绩效: 一个分类比较研究 [J]. 中国工业经济, 2013 (6): 5~17.

[47] 屈宏斌. 避免过早"去工业化"[N]. 经济观察报, 2015-05-04 (003).

[48] 任保平. 中国工业化的阶段性与新型工业化中的再工业化 [J]. 社会科学辑刊, 2005 (4): 77~81.

[49] 桑瑞聪, 刘志彪, 王亮亮. 我国产业转移的动力机制: 以长三角和珠三角地区上市公司为例 [J]. 财经研究, 2013 (5): 99~111.

[50] 盛垒, 洪娜. 美国"再工业化"进展及对中国的影响 [J]. 世界经济研究, 2014 (7): 80~86.

[51] 沈坤荣, 徐礼伯. 美国"再工业化"与江苏产业结构转型升级 [J]. 江海学刊, 2013 (1): 219~226.

[52] 沈静, 向澄, 柳意云. 广东省污染密集型产业转移机制——基于 2000~2009 年面板数据模型的实证 [J]. 地理研究, 2012 (2): 357~368.

[53] 石光宇, 孙群郎. 美国去工业化与后工业经济的形成 [J]. 辽宁大学学报 (哲学社会科学版), 2013 (3): 137~142.

[54] 宋哲. 中国产业转移的动因与效应分析 [D]. 武汉: 武汉大

学，2013.

[55] 苏立君. 逆全球化与美国"再工业化"的不可能性研究 [J]. 经济学家，2017（6）：96~104.

[56] 孙浩进. 国内外主要产业转移理论比较与评析 [J]. 福建论坛（人文社会科学版），2012（2）：36~39.

[57] 孙晓华，杨彬，张国峰. "市场换技术"与产业空心化：一个研究述评 [J]. 科学学与科学技术管理，2009（1）：125~130.

[58] 覃成林，熊雪如. 中国制造业产业转移动态演变及特征分析——基于相对净流量指标的测度 [J]. 产业经济研究，2013（1）：12~21.

[59] 唐根年，许紫岳，张杰. 产业转移、空间效率改进与中国异质性大国区间"雁阵模式" [J]. 经济学家，2015（7）：97~104.

[60] 唐运舒，冯南平，高登榜，杨善林. 产业转移对产业集聚的影响——基于泛长三角制造业的空间面板模型分析 [J]. 系统工程理论与实践，2014（10）：2573~2581.

[61] 唐志良，刘建江. 美国再工业化对中国制造业发展的负面影响研究 [J]. 国际商务（对外经济贸易大学学报），2012（2）：12~20.

[62] 田新民，韩端. 产业结构效应的度量与实证——以北京为案例的比较分析 [J]. 经济学动态，2012（9）：74~82.

[63] 王俊，苏立君. 互联网资本主义下西方国家去工业化的强化趋势及就业问题 [J]. 政治经济学评论，2017（2）：90~109.

[64] 王丽丽，赵勇. 理解美国再工业化战略——内涵、成效及动因 [J]. 政治经济学评论，2015（6）：129~142.

[65] 王秋石. 新国际劳动分工、全球金融危机与产业转移——兼议"订单转移"为发展中地区带来的历史性机遇 [J]. 当代财经，2008（12）：81~83.

[66] 王秋石. 后金融危机时期全球经济的五大特征——兼议中国后发展地区的机遇 [J]. 当代财经，2009（12）：5~9.

[67] 王秋石. 浅议形成新的经济发展方式的"四个着力" [J]. 江西财经大学学报，2013（1）：7~9.

[68] 王秋石，李国民，王展祥. 去工业化的内涵、影响与测度指标的构

建——兼议结构性去工业化和区域性去工业化[J].当代财经,2010(12):19~22.

[69] 王秋石,王一新,杜骐臻.中国去工业化现状分析[J].当代财经,2011(12):5~13.

[70] 王秋石,王一新.去工业化、经济发展与中国产业路径选择[J].当代财经,2014(3):14~20.

[71] 王庭东.新科技革命、美欧"再工业化"与中国要素集聚模式嬗变[J].世界经济研究,2013(6):3~8.

[72] 王文,孙早.去工业化促进了服务业效率提升吗[J].统计研究,2017(3):84~96.

[73] 王文,孙早.产业结构转型升级意味着去工业化吗[J].经济学家,2017(3):55~62.

[74] 王小刚,鲁荣东.库兹涅茨产业结构理论的缺陷与工业化发展阶段的判断[J].经济体制改革,2012(3):7~10.

[75] 王旭.美国传统工业大州"去工业化"(1950—1990)——以宾夕法尼亚州为中心的考察[J].世界历史,2016(5):4~16.

[76] 王展祥.发达国家去工业化比较及其对当前中国的启示——以英国和美国为例[J].当代财经,2015(11):3~13.

[77] 王展祥,王秋石,李国民.发达国家去工业化与再工业化问题探析[J].现代经济探讨,2010(10):38~42.

[78] 王展祥,王秋石,李国民.去工业化的动因与影响研究——一个文献综述[J].经济问题探索,2011(1):18~23.

[79] 王展祥,魏琳.去工业化及其在中国的适应性研究——基于结构失衡视角[J].当代财经,2012(6):16~25.

[80] 武晓霞.省际产业结构升级的异质性及影响因素——基于1998年~2010年28个省区的空间面板计量分析[J].经济经纬,2014(1):90~95.

[81] 吴垠.中国城市化道路的检视与思考——后工业化经济试验区的前瞻性探索[J].中国工业经济,2010(10):5~14.

[82] 肖兴志,彭宜钟,李少林.中国最优产业结构:理论模型与定量测算[J].经济学(季刊),2013(1):135~162.

[83] 徐春华,吴易风. 国际产业转移理论:马克思经济学与西方经济学的比较[J]. 经济学动态,2015(6):67~77.

[84] 徐朝阳. 工业化与后工业化:"倒U型"产业结构变迁[J]. 世界经济,2010(12):67~88.

[85] 杨成林. 去工业化的发生机制及影响研究[D]. 天津:南开大学,2012.

[86] 杨家伟,乔家君. 河南产业结构演进与机理探究[J]. 经济地理,2013(9):93~100.

[87] 杨以文,郑江淮,黄永春,任志成. 走向后工业化:建立以服务业为主的现代产业体系——以长三角为例[J]. 经济地理,2012(10):70~76.

[88] 杨书群. "再工业化"背景下中国制造业发展策略分析[J]. 区域经济评论,2014(4):14~19.

[89] 杨智峰,陈霜华,汪伟. 中国产业结构变化的动因分析——基于投入产出模型的实证研究[J]. 财经研究,2014(9):38~49.

[90] 叶琪. 我国区域产业转移的态势与承接的竞争格局[J]. 经济地理,2014(3):91~97.

[91] 于斌斌. 产业结构调整与生产率提升的经济增长效应——基于中国城市动态空间面板模型的分析[J]. 中国工业经济,2015(12):83~98.

[92] 张晨,冯志轩. 再工业化,还是再金融化?——危机后美国经济复苏的实质与前景[J]. 政治经济学评论,2016(6):171~189.

[93] 张弛. 论跨国公司的海外生产与母国的"产业空心化"[J]. 世界经济文汇,1993(5):44~48.

[94] 张翠菊,张宗益. 中国省域产业结构升级影响因素的空间计量分析[J]. 统计研究,2015(10):32~37.

[95] 张辉,丁匡达. 美国产业结构、全要素生产率与经济增长关系研究:1975~2011[J]. 经济学动态,2013(7):140~148.

[96] 张龙鹏,周立群. 产业转移缩小了区域经济差距吗——来自中国西部地区的经验数据[J]. 财经科学,2015(2):80~88.

[97] 张少军,刘志彪. 全球价值链模式的产业转移——动力、影响与对

中国产业升级和区域协调发展的启示 [J]. 中国工业经济, 2009 (11): 5~15.

[98] 张月友, 刘丹鹭, 周经. 去工业化、再工业化与经济服务化——产业联系的视角 [J]. 财贸研究, 2014 (3): 32~40.

[99] 张文玺. 中日韩产业结构升级和产业政策演变比较及启示 [J]. 现代日本经济, 2012 (4): 37~46.

[100] 赵彦云, 秦旭, 王杰彪. "再工业化"背景下的中美制造业竞争力比较 [J]. 经济理论与经济管理, 2012 (2): 81~88.

[101] 赵儒煜. "后工业化"理论与经济增长: 基于产业结构视角的分析 [J]. 社会科学战线, 2013 (4): 46~60.

[102] 赵儒煜, 阎国来, 关越佳. 去工业化与再工业化: 欧洲主要国家的经验与教训 [J]. 当代经济研究, 2015 (4): 53~59.

[103] 郑万吉, 叶阿忠. 城乡收入差距、产业结构升级与经济增长——基于半参数空间面板VAR模型的研究 [J]. 经济学家, 2015 (10): 61~67.

[104] 钟水映, 李晶, 刘孟芳. 产业结构与城市化: 美国的"去工业化"和"再城市化"现象及其启示 [J]. 人口与经济, 2003 (2): 8~13.

[105] 周春山, 刘毅. 发达国家的再工业化及对中国的影响 [J]. 世界地理研究, 2013 (1): 47~56.

[106] Alderson A S. Explaining Deindustrialization: Globalization, Failure, or Success? [J]. American Sociological Review, 1999, 64 (5): 701~721.

[107] Alderson A S, Nielsen F. Globalization and the Great U-Turn: Income Inequality Trends in 16 OECD Countries [J]. American Journal of Sociology, 2002 (107): 1244~1299.

[108] Baugh B, Yudken J. Is Deindustrialization Inevitable? [J]. New Labor Forum, 2006, 15 (2): 55~64.

[109] Baumol W J. Productivity Growth, Convergence, and Welfare: What the Long-Run Data Show [J]. American Economic Review, 1986, 76 (5): 1072~1085.

[110] Baumol W J. Macroeconomics of Unbalanced Growth: The Anatomy of Urban Crisis [J]. American Economic Review, 1967, 57 (3): 415~426.

[111] Bell D. Boulding K E. The Coming of Post – Industrial Society, A Venture in Social Forecasting [M]. New York: Basic Books, 1973.

[112] Bernat G. Does Manufacturing Matter? A Spatial Econometric View of Kaldor's Laws' [J]. Journal of Regional Science, 1996, 36 (3): 463 ~477.

[113] Bluestone B. Is Deindustrialization a Myth? Capital Mobility versus Absorptive Capacity in the U. S. Economy [J]. The Annals of the American Academy of Political and Social Science, 1984, 475 (1): 39 ~51.

[114] Bluestone B, Harrison B. The Deindustrialization of America: Plant Closings, Community Abandonment, and the Dismantling of Basic Industry [J]. American Political Science Association, 1982, 4 (2): 205 ~213.

[115] Burgstaller A. Industrialization, Deindustrialization, and North – South Trade [J]. American Economic Review, 1987, 77 (5): 1017 ~1018.

[116] Booth A. The Manufacturing Failure Hypothesis and the Performance of British Industry during the Long Boom [J]. The Economic History Review, 2003, 56 (1): 1 ~33.

[117] Boulhol H, Fontagne L. Deindustrialisation and the Fear of Relocations in the Industry [J]. 2008, 67 (1): 13 ~30.

[118] Brady D, Wallace M. Deindustrialization and Poverty: Manufacturing Decline and AFDC Recipiency in Lake County, Indiana 1964 – 1993 [C]. Sociological Forum. Kluwer Academic Publishers – Plenum Publishers, 2001: 321 ~358.

[119] Brady D, Denniston R. Economic Globalization, Industrialization and Deindustrialization in Affluent Democracies [J]. Social Forces, 2006, 85 (1): 297 ~329.

[120] Castillo M, Martins A. Premature Deindustrialization in Latin America [J]. Desarrollo Productivo, 2016: 7 ~26.

[121] Chesnokova T. Immiserizing Deindustrialization: A Dynamic Trade Model with Credit Constraints [J]. Journal of International Economics, 2007, 73 (2): 407 ~420.

[122] Clark C. The Conditions of Economic Progress [M]. 3d ed. London:

Macmillan, 1957.

[123] Clingingsmith D, Williamson J G. Deindustrialization in 18th and 19th Century India: Mughal Decline, Climate Shocks and British Industrial Ascent [J]. Explorations in Economic History, 2008, 45 (3): 209~234.

[124] Cornwall J. Modern Capitalism and the Trend toward Deindustrialization [J]. Journal of Economic Issues, 1980, 14 (2): 275~289.

[125] Cowie J, Heathcott J. The Meanings of Deindustrialization [J]. Canadian Journal of Urban Research, 2003 (1): 310~311.

[126] Cruz M. Premature De–industrialisation: Theory, Evidence and Policy Recommendations in the Mexican Case [J]. Cambridge Journal of Economics, 2015, 39 (1): 113~137.

[127] Crafts N. Deindustrialisation and Economic Growth [J]. Economic Journal, 1996, 106 (106): 172~183.

[128] Dasgupta S, Singh A. Manufacturing, Services and Premature Deindustrialization in Developing Countries: A Kaldorian Analysis [J]. United Nations Univesity Research Paper, 2006 (49): 1~18.

[129] Doussard M, Peck J, Theodore N. After Deindustrialization: Uneven Growth and Economic Inequality in "Postindustrial" Chicago [J]. Economic Geography, 2009, 85 (2): 183~207.

[130] Felipe J. The Role of the Manufacturing Sector in Southeast Asian Development: A Test of Kaldor's First Law [J]. Journal of Post Keynesian Economics, 1998, 20 (3): 463~485.

[131] Felipe J, Mehta A. Deindustrialization? A Global Perspective [J]. Economics Letters, 2016 (149): 148~151.

[132] Fernandezarias E, Panizza U. Trade Liberalization, Deindustrialization, and Inequality: Evidence from Middle–Income Latin American Countries [J]. Latin American Research Review, 2004, 5 (2): 79~105.

[133] Fingleton B, Mccombie J S L. Increasing Returns and Economic Growth: Some Evidence for Manufacturing from the European Union Regions [J]. Oxford Economic Papers, 1998, 50 (1): 89~105.

[134] Fligstein N. Is Globalization the Cause of the Crises of Welfare States? [J]. General Information, 1999, 10 (3): 1~56.

[135] Foellmi R, Zweimüller J. Structural Change, Engel's Consumption Cycles and Kaldor's Facts of Economic Growth [J]. Journal of Monetary Economics, 2008, 55 (7): 1317~1328.

[136] Frenkel R, Rapetti M. External Fragility or Deindustrialization: What is the Main Threat to Latin American Countries in the 2010s? [J]. General Information, 2012, 1 (3): 1~23.

[137] Geary F. Deindustrialization in Ireland to 1851: Some Evidence from the Census [J]. The Economic History Review, 1998, 51 (3): 512~541.

[138] Green G P, Sanchez L. Does Manufacturing Still Matter? [J]. Population Research & Policy Review, 2007, 26 (5): 529~551.

[139] Guerrieri P, Meliciani V. Technology and International Competitiveness: The Interdependence between Manufacturing and Producer Services [J]. Structural Change & Economic Dynamics, 2005, 16 (4): 489~502.

[140] Guisan M C. Manufacturing and Economic Development: Inter – sectoral Relationships in Europe, America, Africa and Asia – Pacific, 1999—2006 [J]. Regional & Sectoral Economic Studies, 2008, 8 (2): 73~88.

[141] Gwynne R N. The Deindustrialization of Chile, 1974—1984 [J]. Bulletin of Latin American Research, 1986, 5 (1): 1~23.

[142] Hamid N, Khan M. Pakistan: A Case of Premature Deindustrialization? [J]. Lahore Journal of Economics, 2015, 20: 107~141.

[143] Hutton T A. Service Industries, Globalization, and Urban Restructuring within the Asia – Pacific: New Development Trajectories and Planning Responses [J]. Progress in Planning, 2003, 61 (1): 1~74.

[144] Huber, M. T. Hyphenated Geographies: the Deindustrialization of Nature – Society Geography [J]. Geographical Review, 2010, 100 (1): 74~89.

[145] Iversen T, Cusack T R. The Causes of Welfare State Expansion: Deindustrialization or Globalization? [J]. World Politics, 2000, 52 (3): 313~349.

[146] Iversen T, Freeman J, Hall P, et al. The Dynamics of Welfare State

Expansion: Trade Openness, Deindustrialization and Partisan Politics [J]. New Politics of the Welfare State, 2001: 1~46.

[147] Kaldor N. Causes of the Slow Rate of Economic Growth of the United Kingdom: An Inaugural Lecture [M]. Cambridge University Press, 1966.

[148] Kaldor N. Strategic Factors in Economic Development [C]. International Conference on Information Engineering & Computer Science, 1967: 299~316.

[149] Kang S J, Lee H. Foreign Direct Investment and Deindustrialisation [J]. World Economy, 2011, 34 (2): 313~329.

[150] Kasper W. Structural Change and Economic Growth [M]. Cambridge University Press, 1981.

[151] Kollmeyer C. Explaining Deindustrialization: How Affluence, Productivity Growth, and Globalization Diminish Manufacturing Employment [J]. American Journal of Sociology, 2009, 114 (6): 1644~1674.

[152] Kollmeyer C, Pichler F. Is Deindustrialization Causing High Unemployment in Affluent Countries? Evidence from 16 OECD Countries, 1970—2003 [J]. Social Forces, 2013, 91 (3): 785~812.

[153] Krugman P R. Domestic Distortions and the Deindustrialization Hypothesis [J]. Nber Working Papers, 1996, 2013: 10 (9): 1455~1461.

[154] Kucera D, Milberg W. Trade and the Loss of Manufacturing Jobs in the OECD: New Factor Content Calculations for 1978—1995 [J]. Ssrn Electronic Journal, 2002, 34 (22): 9366~9378.

[155] Kucera D, Milberg W. Deindustrialization and Changes in Manufacturing Trade: Factor Content Calculations for 1978—1995 [J]. Review of World Economics, 2003, 139 (4): 601~624.

[156] Lawrence R Z. Is Trade Deindustrializing America? A Medium – Term Perspective [J]. Brookings Papers on Economic Activity, 1983, 14 (1): 129~172.

[157] Lee C S. International Migration, Deindustrialization and Union Decline in 16 Affluent OECD Countries, 1962—1997 [J]. Social Forces, 2005, 84

(1): 71~88.

[158] Lord G F, Price A C. Growth Ideology in a Period of Decline: Deindustrialization and Restructuring, Flint Style [J]. Soc. probs, 1992, 39 (2): 155~169.

[159] Matsuyama K. Structural Change in an Interdependent World: A Global View of Manufacturing Decline [J]. Journal of the European Economic Association, 2009, 7 (3): 478~486.

[160] Nickell S, Redding S, Swaffield J. The Uneven Pace of Deindustrialization in the OECD [J]. World Economy, 2008, 31 (9): 1154~1184.

[161] Palma J G. The Seven Main "Stylized Facts" of the Mexican Economy Since Trade Liberalization and NAFTA [J]. Industrial & Corporate Change, 2005 (A), 14 (6): 941~991.

[162] Palma J. G. De – industrialisation, "Premature" De – industrialisation and the Dutch – disease [J]. Revista Necat, 2014, 3 (5): 7~23.

[163] Payne P. Beyond the Ruins: The Meanings of Deindustrialization [J]. Technology and Culture, 2005, 46 (2): 444~446.

[164] Pieper U. Deindustrialization and the Social and Economic Sustainability Nexus in Developing Countries: Cross - Country Evidence on Productivity and Employment [J]. The Journal of Development Studies, 1999, 36 (4): 66~99.

[165] Podgursky M. The Deindustrialization of America [J]. Labor Studies Journal, 1984, 14 (2): 47~50.

[166] Powell R A. UK Industrialization and Deindustrialization [M]. Heinemann Educational, 1988: 319~326.

[167] Rasiah R. Is Malaysia Facing Negative Deindustrialization? [J]. Pacific Affairs, 2011, 84 (4): 714~735.

[168] Revenga A L. Exporting Jobs? The Impact of Import Competition on Employment and Wages in U. S. Manufacturing [J]. Quarterly Journal of Economics, 1992, 107 (1): 255~284.

[169] Robertnicoud F. Off – Shoring of Business Services and Deindustrialization: Threat Or Opportunity and for Whom? [J]. Social Science Electronic Pub-

lishing, 2006 (7): 1~44.

[170] Rodrik D. Premature Deindustrialization [J]. Journal of Economic Growth, 2016, 21 (1): 1~33.

[171] Rodrik D. The Past, Present, and Future of Economic Growth [J]. Challenge, 2014, 57 (3): 5~39.

[172] Rodrik D. Unconditional Convergence in Manufacturing [J]. Quarterly Journal of Economics, 2013, 128 (1): 165~204.

[173] Rowthorn B, Wells J R. Deindustrialization and Foreign Trade [M]. Cambridge University Press, 1987.

[174] Rowthorn R E, Ramana R. Deindustrialization: Its Causes and Implications [J]. Social Science Electronic Publishing, 1997, 97 (42): 1~12.

[175] Rowthorn R, Ramaswamy R. Growth, Trade, and Deindustrialization [J]. IMF Staff Papers, 1999, 46 (1): 18~41.

[176] Rowthorn R, Coutts K. De-industrialisation and the Balance of Payments in Advanced Economies [J]. Cambridge Journal of Economics, 2004, 28 (5): 767~790.

[177] Rosenstein-Rodan P N. Problems of Industrialisation of Eastern and South-Eastern Europe [J]. Economic Journal, 1943, 53 (210/211): 202~211.

[178] Saeger S. Globalization and Deindustrialization: Myth and Reality in the OECD [J]. Review of World Economics, 1997, 133 (4): 579~608.

[179] Singh A. UK Industry and the World Economy: A Case of De-industrialisation? [J]. Cambridge Journal of Economics, 1977, 1 (2): 113~136.

[180] Singh A. Third World Competition and Deindustrialisation in Advanced Countries [J]. Cambridge Journal of Economics, 1989, 13 (1): 103~120.

[181] Singh A. Manufacturing and Deindustrialization [M]. The New Palgrave Dictionary of Economics, 1987.

[182] Spilimbergo A. Deindustrialization and Trade [J]. Review of International Economics, 1998, 6 (3): 450~460.

[183] Tan Z A. Product Cycle Theory and Telecommunications Industry—For-

eign Direct Investment, Government Policy, and Indigenous Manufacturing in China [J]. Telecommunications Policy, 2002, 26 (1-2): 17~30.

[184] Timmer M, Gaaitzen J. Structural Change and Growth Accelerations in Asia and Latin America: A New Sectoral Data Set [J]. Cliometrica, 2009, 3 (2): 165~190.

[185] Torrione P, Collins L. International Migration, Deindustrialization and Union Decline in 16 Affluent OECD Countries, 1962—1997 [J]. Social Forces, 2005, 84 (1): 71~88.

[186] Tregenna F. Characterising deindustrialization: An Analysis of Changes in Manufacturing Employment and Output Internationally [J]. Cambridge Journal of Economics, 2009, 33 (3): 433~466.

[187] Tregenna F. Manufacturing Productivity, Deindustrialization, and Reindustrialization [J]. Wider Working Paper, 2011, 119 (4): 53~78.

[188] Üngör M. Deindustrialization of the Riches and the Rise of China [C]. Degit Conference Papers. Degit, Dynamics, Economic Growth, and International Trade, 2009.

[189] Wachter M L. The Deindustrialization of America: Plant Closings, Community Abandonment, and the Dismantling of Basic Industry. by Barry Bluestone; Bennett Harrison [J]. American Political Science Association, 1985, 4 (2): 205~213.

[190] Wells H, Thirlwall A P. Testing Kaldor's Growth Laws across the Countries of Africa [J]. African Development Review, 2003, 15 (2): 89~105.

[191] Wood A. How Much Does Trade with the South Affect Workers in the North? [J]. World Bank Research Observer, 1991, 6 (1): 19~36.

[192] Wood A. How Trade Hurt Unskilled Workers [J]. Journal of Economic Perspectives, 1995, 9 (3): 57~80.

后　记

本书的完成，首先要感谢我的博士生导师王秋石教授。

生而有幸，得遇王秋石先生。王老师早年留学国外，英语很好，经常直接用英语给学生授课，他思想活跃，经济学思维超前，我经常跟不上王老师的思维节奏。每次与王老师见面，我都会带好纸和笔，然后王老师讲他对宏观经济问题的理解和看法，我则是以最快的速度不断地在纸上做记录，回来再认真整理。王老师门下学生众多，注重因材施教。王老师对学生的博士学位论文选题非常灵活、开放，鼓励学生结合自己的兴趣和专长来选题。

本书是在笔者的博士学位论文基础上修改完成的。从选题、研究思路到文章框架、章节布置等，都是在王老师不厌其烦地指导下完成的。整篇博士学位论文都有王老师思想的体现。关于中国去工业化的研究，难度很大，涉及多个领域，非常难以把握。王老师一再予以我以各种思想启发，每次见面都会引导我从多种角度分析问题，使我得以最终顺利完成了博士学位论文。

雄关漫道真如铁，而今迈步从头越。本书的完成，只是一件事情的短暂结束，后面的路还很长，我需要继续努力。值本书完成之际，尽管我已不再年轻，还是以智者之言来自勉：望崦嵫而勿迫，恐鹈鴂之先鸣。

罗贵明

2020年8月19日